I. Grundstücksrechte

Überblick

Die Rechte, die an einem Grundstück bestehen können, sind vielfältig. Sie unterscheiden sich durch den Umfang der Befugnisse, die sie gewähren. Dabei kann insbesondere zwischen Grundstücksrechten und grundstücksgleichen Rechten unterschieden werden.

Welche Grundstücksrechte und grundstücksgleichen Rechte kennen Sie?

W0381640

I. **Grundstücksrechte** sind das **Eigentum** an einem Grundstück als das umfassendste dingliche Recht (§§ 903 ff. BGB) sowie die **beschränkten dinglichen Rechte**, die inhaltlich jeweils einen bestimmten Ausschnitt aus dem dinglichen Vollrecht Eigentum umfassen. Hierzu zählen:

1. **Dienstbarkeiten, §§ 1018 ff. BGB:**
   - Grunddienstbarkeit, §§ 1018-1029 BGB
   - Nießbrauch, §§ 1030-1089 BGB
   - beschränkt persönliche Dienstbarkeit, §§ 1090-1093 BGB
   - Dauerwohn- und Nutzungsrechte, §§ 31 ff. WEG
2. **Vorkaufsrecht, §§ 1094 ff. BGB**
3. **Reallast, §§ 1105 ff. BGB**
4. **Grundpfandrechte, §§ 1113 ff. BGB:**
   - Hypothek, §§ 1113 ff. BGB
   - Grundschuld, §§ 1191 ff. BGB
   - Rentenschuld, §§ 1199 ff. BGB

II. **Grundstücksgleiche Rechte** sind **beschränkt dingliche Rechte** an einem Grundstück, die gesetzlich den Grundstücken gleichgestellt sind, z.B.:

1. **Erbbaurecht, §§ 1 ff. ErbbauRG**
2. **Wohnungseigentum, §§ 1 ff. WEG**

hemmer-Methode: Verschaffen Sie sich einen Überblick über die verschiedenen Grundstücksrechte und über deren Standort im Gesetz!

Wie bei beweglichen Sachen ist das Eigentum das umfassendste Herrschaftsrecht an einem Grundstück, das die Rechtsordnung kennt. Das Eigentum an einer Sache umfasst gem. § 903 BGB einerseits die positive Befugnis, mit der Sache nach Belieben verfahren zu können, andererseits die negative Befugnis, andere von jeder Einwirkung ausschließen zu können. Diese weitgehenden Befugnisse des Eigentümers werden aber durch zahlreiche privatrechtliche Vorschriften beschränkt.

Welche privatrechtlichen Grenzen der Eigentümerbefugnisse kennen Sie?

I. Begrenzung durch das Nachbarschaftsrecht, §§ 906 ff. BGB:
Begrenzung der Rechte des Eigentümers durch nachbarrechtliche **Duldungspflichten.**

II. Begrenzung durch § 905 S. 2 BGB:

Duldungspflicht des Eigentümers, wenn *Einwirkung so hoch über oder tief unter dem Grundstück* stattfindet, dass **kein Ausschließungsinteresse** des Eigentümers besteht. Nach h.M. aber **Ausgleichsanspruch** des Duldungspflichtigen entspr. § 906 II S. 2 BGB.

III. Begrenzung durch Notstand, §§ 904, 228 BGB:

Duldungspflicht des Eigentümers **im Interesse eines anderen.**

IV. Begrenzung durch Schikaneverbot, § 226 BGB:
Ausübung der Eigentümerbefugnis **unzulässig**, wenn sie **allein Schadenszufügung bezweckt.**

V. Rechtsgeschäftlich-dingliche Begrenzungen:
z.B. Vereinbarung einer Dienstbarkeit, §§ 1018 ff. BGB.

VI. Privatrechtliches Nachbarschaftsrecht nach Länderrecht

hemmer-Methode: Die weitgehenden Befugnisse des Eigentümers nach § 903 S.1 BGB kollidieren zwangsläufig mit den Interessen Dritter, meist Nachbarn. Die Rechtsordnung muss insoweit eine vernünftige Abgrenzung dieser Interessen enthalten.

In der Klausur können diese Maßstäbe insbesondere dann bedeutsam werden, wenn ein nicht gesetzlich geregelter Kollisionsfall besteht und daher die analoge Anwendung einer bestehenden Beschränkungsnorm zu prüfen ist.

Interessenkonflikte ergeben sich typischerweise zwischen Grundstücksnachbarn. Da das einzelne Grundstück nicht losgelöst von seiner Umwelt gesehen werden kann, werden die Rechte der Grundstückseigentümer durch das gegenseitige Gebot der Rücksichtnahme begrenzt.

Das Gesetz regelt die wesentlichen Nachbarschaftskonflikte in den §§ 906 ff. BGB. Klausurrelevant ist hierbei das Immissionsrecht (§ 906 BGB), der Überbau (§§ 912 ff. BGB) und das Notwegerecht (§§ 917 f. BGB, vgl. zu den Voraussetzungen exemplarisch BGH, Life&Law 2020, 383 ff.; 2021, 663 ff.).

Dabei werden die überwiegenden Interessen des beeinträchtigten Eigentümers durch Ausschließungsbefugnisse anerkannt, die nicht schutzwürdigen Interessen dagegen mit Duldungspflichten belegt.

Die praktisch bedeutsamste Vorschrift aus dem bürgerlichen Nachbarschaftsrecht ist § 906 BGB (privatrechtlicher Immissionsschutz).

Nennen Sie die Voraussetzungen der Duldungspflichten nach § 906 BGB.

I. Vorliegen von Immissionen i.S.d. § 906 I BGB:
unwägbare Einwirkungen (sog. **Imponderabilien**), nicht größere festkörperliche Gegenstände (sog. **Grobimmissionen**)

II. Voraussetzung der Duldungspflicht:

1. **keine** oder nur **unwesentliche Beeinträchtigung** gem. § 906 I BGB
   - allgemeiner Wesentlichkeitsmaßstab (verständiger Durchschnittsbenutzer) oder
   - gesetzlicher Wesentlichkeitsmaßstab in § 906 I S. 2, 3 BGB
2. oder **wesentliche Beeinträchtigung** gem. § 906 II BGB bei
   - Ortsüblichkeit der Benutzung und
   - Unzumutbarkeit der Verhinderung der Beeinträchtigung.
3. **Ausgleichsanspruch bei Duldungspflicht** nach § 906 II S. 1 BGB gem. § 906 II S. 2 BGB: **verschuldensunabhängiger** Anspruch auf angemessenen Ausgleich in Geld.

III. Ausschluss der Duldungspflicht nach § 906 III BGB
Voraussetzung: Zuführung durch besondere Leitung.

IV. Auswirkungen öffentlich-rechtlicher Vorschriften
z.B. im Rahmen des § 906 I S. 2, 3 BGB: Maßstab für Ortsüblichkeit/Unzumutbarkeit.

hemmer-Methode: Ist eine nachbarrechtliche Duldungspflicht nach den §§ 906 ff. BGB gegeben, schließt diese Ansprüche aus dem Eigentum regelmäßig aus:

Der Beseitigungs- und Unterlassungsanspruch aus § 1004 I BGB entfällt bei Bestehen einer Duldungspflicht nach den §§ 906 ff. BGB wegen des Ausschlusstatbestandes des § 1004 II BGB.

Bewirkt die Grundstückseinwirkung eine Eigentumsverletzung i.S.d. § 823 I BGB, so entfällt ein Schadensersatzanspruch, wenn die Einwirkung wegen der Duldungspflicht aus §§ 906 ff. BGB nicht rechtswidrig ist.

Sehen Sie diese Vorschriften also immer im Zusammenhang!

Eine Duldungspflicht seitens des beeinträchtigten Eigentümers kann sich ferner in den Fällen des unrechtmäßigen, aber entschuldigten Überbaus nach den §§ 912 ff. BGB ergeben.

Bsp.: Das Haus des Grundstückseigentümers U wird infolge leichter Fahrlässigkeit über die Grenze auf das Grundstück des E gebaut, der dies zunächst widerspruchslos hinnimmt.

Welche Rechtsfolgen ergeben sich aus einem Überbau?

I. Folgen des Überbaus nach allgemeinen Regeln:

Wegen der §§ 93, 94, 946 BGB wäre **E Eigentümer** *des auf seinem Grundstück gebauten Teils des Hauses*. Daher könnte er von U nach § 1004 I BGB **Beseitigung der Beeinträchtigung** und evtl. nach § 823 I BGB **Schadensersatz** oder **Ausgleich** nach § 906 II S. 2 BGB verlangen.

Dieses Ergebnis ist aber **bei bloß einfacher Fahrlässigkeit des Überbauenden wertungsmäßig nicht haltbar, da** der **Abriss** des überbauten Teiles oft auch **zur Zerstörung des Gesamtgebäudes** führt.

II. Duldungspflicht nach § 912 BGB

Deshalb enthält § 912 BGB im Fall des **weder grob fahrlässig noch vorsätzlich erfolgten Überbaus** (*Verschuldenszurechnung* nach h.M.: *§ 166 BGB analog*, a.A.: allenfalls § 278 BGB oder § 831 BGB) eine **Duldungspflicht des Eigentümers**, wenn dieser dem Überbau **nicht widersprochen** hat *(unrechtmäßiger Überbau)*. Die dingliche Konsequenz ergibt sich indes nicht aus § 912 BGB, sondern ist anhand der §§ 93 ff. BGB zu bestimmen (vgl. ÜK 5). § 912 BGB gilt auch dann, wenn ein bereits bestehendes Gebäude erweitert wird, und die Erweiterung über die Grenze ragt (BGH Life&LAW 01/2009). Aus der Pflicht, einen Garagenüberbau zu dulden, ergibt sich nicht automatisch das Recht des Eigentümers zur Nutzung der (teilweise) auf dem Grundstück des Nachbarn gelegenen Garagenzufahrt (BGH, Life&LAW 2014, 167 ff.).

III. Überbaurente, §§ 912, 913 ff. BGB

Der Eigentümer erhält als **Entschädigung** eine **Geldrente** nach § 912 II BGB. Diese **schließt Schadensersatzansprüche** gegen den Überbauer nach § 823 I BGB und **Ausgleichsansprüche** aus § 906 II S. 2 BGB **wegen** des **Nutzungsverlustes**, nicht aber wegen weitergehender Verletzung des Eigentums oder anderer Rechte **aus**.

hemmer-Methode: Beachten Sie: Die §§ 912-916 BGB regeln nur den unrechtmäßigen Überbau. Die Duldungspflicht, die nur die wertvernichtende Zerstörung des Gebäudes verhindern soll, beseitigt nicht die Rechtswidrigkeit des Überbaus. Schadensersatzansprüche sind allerdings nur insoweit gegeben, als die Schäden nicht schon von der speziellen Entschädigungspflicht gem. § 912 II BGB erfasst sind.

Stimmt der Eigentümer dem Überbau dagegen (formfrei) zu, so liegt ein rechtmäßiger Überbau vor, wobei aber das bloße Unterlassen des Widerspruchs noch keine Zustimmung darstellt.
Eine Beseitigung kann beim rechtmäßigen Überbau nicht verlangt werden, da die Duldungspflicht hier schon aus der Zustimmung folgt.
Für das Bestehen einer Entschädigungspflicht ist primär die Parteivereinbarung maßgebend. Besteht eine solche nicht, so ist durch Auslegung zu ermitteln, ob auf Entschädigung verzichtet wurde oder § 912 II BGB analog gelten soll.

Eigentum am Überbau

§ 912 BGB trifft neben der Duldungspflicht und der Rentenberechtigung keine Regelung darüber, wer Eigentümer des übergebauten Teils des Gebäudes sein soll. Aus § 915 BGB ergibt sich lediglich, dass der überbaute Grundstücksteil weiterhin dem Grundstückseigentümer gehört. Zur Bestimmung der Eigentumsverhältnisse beim Überbau sind daher die allgemeinen Vorschriften heranzuziehen.

Welche Problematik tritt bei der Bestimmung der Eigentumsverhältnisse beim Überbau auf?

Wie wird diese beim entschuldigten und beim nicht entschuldigten Überbau gelöst?

I. Problematik: Widerstreit zweier Prinzipien:

1. H.M.: Prinzip der Bodenakzession, §§ 946, 93, 94 I BGB:

Hiernach steht ein **Gebäude/Gebäudeteil**, das **mit** einem **Grundstück fest verbunden** ist, als dessen **wesentlicher Bestandteil** im **Eigentum des Grundstückseigentümers** gem. §§ 946, 93, 94 I BGB.

Rechtsfolge: *Vertikale Teilung des Gebäudes* an der Grundstücksgrenze, Überbau gehört dem Eigentümer des überbauten Grundstücks.

Nachteil: *Zerschlagung der wirtschaftlichen Einheit* des Gesamtgebäudes.

2. A.A.: Bestandteilslehre, §§ 93, 94 II BGB:

Besondere Rechte an Gebäudebestandteilen sind **nicht zulässig**, überbauter Gebäudeteil ist als Sache anzusehen, die zur Herstellung des gesamten Gebäudes i.S.d. § 94 II BGB eingefügt wurde.

Rechtsfolge: *Überbau gehört überbauendem Eigentümer.*

Vorteil: *Wirtschaftliche Einheit* des Gesamtgebäudes bleibt *erhalten*.

II. Eigentumslage bei entschuldigtem Überbau:

Nach beiden Ansichten wird **Überbauender Eigentümer des Überbaus**, da § 912 BGB ein Recht am Nachbargrundstück i.S.d. § 95 I S. 2 BGB gewährt.

III. Eigentumslage beim nicht entschuldigten Überbau:

H.M.: Vorrang des Akzessionsprinzips, also *Vertikalteilung des Gebäudes* mit der *Rechtsfolge*, dass *Überbau* dem *Eigentümer des überbauten Grundstücks gehört,* da Nachbar hier nicht schutzwürdig ist.

hemmer-Methode: In der Klausur kommt es nicht darauf an, dass Sie die verschiedenen Ansichten exakt reproduzieren können, sondern dass Sie mit den Wertungen der §§ 946, 93, 94, 95 BGB arbeiten und so eine interessengerechte Lösung finden.

II. Eigentümerbefugnisse

Sonderformen des Grundstückseigentums

Das Eigentum an Grundstücken ist in verschiedenen Varianten möglich.

Welche Formen des Grundstückseigentums kennen Sie?

I. Alleineigentum:

Rechtsinhaber ist nur eine **(natürliche oder juristische) Person bzw. eine Personengesellschaft, vgl. § 124 I HGB (i.V.m. § 161 II HGB). Auch die GbR kann Alleineigentümerin sein.** Der BGH hat 2009 auch die *Grundbuchfähigkeit* bejaht (Life&LAW 2009, 158 ff.), woraufhin der Gesetzgeber § 899a BGB eingefügt hat, der die Grundbuchfähigkeit voraussetzt, entgegen dem BGH aber stets nach einer Eintragung aller Gesellschafter verlangt, vgl. § 47 II GBO. Daran anknüpfend enthält § 899a BGB einen Gutglaubensschutz, der den Erwerb des Eigentums von einer GbR als Veräußerin erleichtern soll. Zu den damit verbundenen Problemen vgl. H/W, Skript Sachenrecht III, Rn. 85a.

II. Miteigentum, §§ 1008 ff., 741 ff. BGB:

Berechtigung nach **Bruchteilen**

III. Wohnungseigentum nach §§ 1 ff. WEG:

Trennung von Grund und Gebäude entgegen den §§ 93 ff. BGB aus *sozialpolitischen Gründen.*

IV. Land- und forstwirtschaftliches Grundeigentum, GrstVG:

Behördliche Genehmigung für Veräußerung erforderlich, um **unwirtschaftliche Zerstückelung von Nutzflächen** zu **verhindern.**

hemmer-Methode: Beachten Sie: Zwar kann ein Unternehmen Gegenstand des Rechtsverkehrs in dem Sinne sein, dass sich ein schuldrechtliches Grundgeschäft auf die Verpflichtung zur Übertragung eines Unternehmens bezieht ("Unternehmenskaufvertrag"). Ein dinglich wirkendes "Unternehmenseigentum" besteht nach unserer Rechtsordnung dagegen nicht. Daher gilt auch bei der dinglichen Übertragung eines Unternehmens der sachenrechtliche Spezialitätsgrundsatz, d.h. dass in Erfüllung des Unternehmenskaufvertrages jeder Bestandteil des Unternehmens nach den für ihn geltenden Vorschriften (§§ 929 ff., 873, 925, 398 BGB, etc.) gesondert übertragen werden muss.

Grundsätze des Grundbuchrechts

Die große wirtschaftliche Bedeutung von Grundstückseigentum und Grundstücksrechten erfordert Klarheit über den dinglichen Rechtszustand an Grundstücken. Diese soll durch das Grundbuch erreicht werden.

Nennen Sie die Grundsätze des Grundbuchrechts.

I. Eintragungsgrundsatz:

Die **rechtsgeschäftliche Rechtsänderung an Grundstücken** erfordert immer deren **(konstitutive!) Eintragung** im Grundbuch, die **Rechtsänderung durch Hoheitsakt** erfordert nur **teilweise** die **Grundbucheintragung** (z.B. Eintragung einer Zwangshypothek gem. § 867 I ZPO), die **gesetzliche Rechtsänderung** vollzieht sich **außerhalb des Grundbuchs**, z.B. beim Eigentumsübergang gem. § 1922 BGB.

II. Einigungs- und Bewilligungsgrundsatz:

Das **materielle Recht** erfordert zur rechtsgeschäftlichen Rechtsänderung die **Einigung als dinglichen Vertrag** *(materielles Konsensprinzip)*. Das **formelle Grundbuchrecht** erfordert zur Eintragung der Rechtsänderung i.d.R. nur die **einseitige Eintragungsbewilligung** *(formelles Konsensprinzip)* des Betroffenen, d.h. desjenigen, dessen Recht durch die Eintragung betroffen ist, § 19 GBO. **Ausnahme: Nachweis der Auflassung** bei Grundstücksübertragung gem. §§ 20, 29 GBO.

III. Antragsgrundsatz:

Eine **Eintragung** erfolgt grds. **nur auf Antrag** (§ 13 GBO) oder **behördliches Ersuchen** (§ 38 GBO). Der Antrag kann aber auch vom Erwerber gestellt werden.

IV. Bestimmtheitsgrundsatz:

Der Zweck des Grundbuchs erfordert eine **klare und eindeutige Eintragung**: **Betroffenes Grundstück, Berechtigter, Umfang und Inhalt des Rechts, Bedingungen für Entstehen und Erlöschen** sind **genau** zu **bezeichnen.** Besonderheiten gelten gem. § 1115 BGB für die Anforderungen an die Eintragung einer Hypothek.

VI. Prioritätsgrundsatz:

Materiell richtet sich der **Rang** eines Grundstücksrechts nach dem **Rangvermerk** bzw. der **Reihenfolge der Eintragungen im Grundbuch** (§ 879 BGB), **formell** hat die **früher beantragte Eintragung** Anspruch auf den **besseren Rang**, §§ 17, 45 GBO.

hemmer-Methode: Das Grundbuch dient der Publizität von dinglichen Rechten an einem Grundstück. Durch Grundbucheinsicht kann sich jeder, der ein berechtigtes Interesse darlegt (öffentlicher Glaube des Grundbuchs), von dem dinglichen Rechtszustand des Grundstücks überzeugen, § 12 GBO. Die Richtigkeit des Grundbuchinhalts wird gem. § 891 BGB vermutet. Besonders klausurrelevant ist hierbei der Gutglaubensschutz des Erwerbers gem. §§ 892, 893 BGB, der unabhängig davon eintritt, ob der Erwerber den Grundbuchinhalt kannte oder auf ihn vertraute.

Eintragungsfähige Rechte

An den Rechtswirkungen des Grundbuchs können nur solche Rechte teilhaben, die überhaupt eintragungsfähig sind. Eine Eintragung ins Grundbuch darf grundsätzlich nur dann erfolgen, wenn dies durch Gesetz vorgeschrieben oder zugelassen ist. Die Zulässigkeit kann sich ferner daraus ergeben, dass das materielle Recht an die Eintragung oder Nichteintragung eine Rechtswirkung knüpft. Regelmäßig folgt aus der Eintragungsfähigkeit auch die Eintragungsbedürftigkeit.

Welche Rechte sind im Grundbuch eintragungsfähig?

I. Eintragungsfähige Rechte:

- alle dinglichen Rechte an Grundstücken oder Grundstücksrechten
- Bedingungen oder Befristungen für Entstehung, Übertragung oder Änderung eines dinglichen Rechts wegen §§ 161 III, 163, 892, 893 BGB
- Sicherungsmittel wie Vormerkung, § 883 BGB
- relative Verfügungsverbote, z.B. §§ 135, 136 BGB i.V.m. §§ 20 I, 146 I ZVG
- Widerspruch, § 892 I S. 1 BGB
- Vormerkung, § 883 I BGB (siehe KK 25 ff.)

II. Nicht eintragungsfähige Rechte:

- von der Rechtsordnung nicht anerkannte Rechte an Grundstücken (numerus clausus des Sachenrechts)
- lediglich schuldrechtliche Rechte (z.B. Miete, Pacht); beachte aber § 1138 i.V.m. § 1137 BGB für Einreden
- persönliche Verhältnisse wie Güterstand oder Geschäftsunfähigkeit
- öffentlich-rechtliche Belastungen, Festsetzungen des Bebauungsplans, etc.

hemmer-Methode: Die eintragungsfähigen Rechte müssen Sie natürlich nicht auswendig lernen. Was eintragungsfähig ist, ergibt sich aus dem Gesetz.

Die Karteikarte dient Ihnen aber als Überblick zum besseren Verständnis.

Eintragungsvoraussetzungen

Nach dem sog. Eintragungsgrundsatz im Grundbuchrecht erfordert eine Rechtsänderung grundsätzlich deren Eintragung im Grundbuch. Eintragungen im Grundbuch erfolgen entweder auf Antrag, von Amts wegen oder auf Ersuchen einer Behörde. Dabei ist zwischen rechtsändernden und berichtigenden Eintragungen zu unterscheiden.

Nennen Sie die Voraussetzungen einer rechtsändernden Eintragung!

Eintragungsvoraussetzungen:

I. **Antrag, § 13 GBO**

II. **Einseitige Eintragungsbewilligung** durch den von der Rechtsänderung **Betroffenen**, § 19 GBO

(bei einer bloß *berichtigenden Eintragung* kann die *Eintragungsbewilligung* durch den *Nachweis der Unrichtigkeit des Grundbuchs ersetzt* werden, § 22 I GBO)

III. **Weitere erforderliche Erklärungen**

z.B. nach §§ 22 II, 27 GBO

IV. **Nachweis der Eintragungsunterlagen**, § 29 GBO

V. Bei **Übereignung eines Grundstücks: Nachweis der Auflassung** gem. §§ 20, 29 GBO

VI. **Voreintragung des** von der Eintragung **Betroffenen als Berechtigter**, §§ 39 f. GBO

(*Ausnahmen*: § 40 GBO, insbesondere Abs. 1, wenn Berechtigter Erbe des Eingetragenen ist)

hemmer-Methode: Die Eintragungsbewilligung ist eine einseitige (amts-) empfangsbedürftige Erklärung des Verfahrensrechts, auf die die Vorschriften des BGB über Willenserklärungen unter Einschränkungen anwendbar sind. Umstritten ist v.a., ob eine Eintragungsbewilligung anfechtbar ist. Unabhängig von der Beantwortung dieser Streitfrage ist die Eintragungsbewilligung aber jedenfalls abstrakt, so dass die materielle Einigung von einer Anfechtung der Eintragungsbewilligung jedenfalls unberührt bliebe.

IV. Übereignung unbeweglicher Sachen

Erwerb vom Berechtigten

Der Erwerb des Eigentums an Grundstücken und deren Übertragung bestimmt sich einerseits nach den allgemeinen Vorschriften über Rechte an Grundstücken in den §§ 873 ff. BGB sowie andererseits nach den speziellen Vorschriften über den Erwerb und den Verlust des Eigentums an Grundstücken, §§ 925 ff. BGB.

Der wesentliche Grund für diese Unterscheidung liegt darin, dass für die Feststellung der Eigentumsverhältnisse an Grund und Boden eine sichere Grundlage gegeben sein soll.

I. Definieren Sie den Begriff des Grundstücks.

II. Nennen Sie die Voraussetzungen für den Eigentumserwerb an Grundstücken nach §§ 873 I, 925 BGB.

III. Stellen Sie den Geltungsbereich der §§ 873, 925 BGB dar.

I. Unter einem **Grundstück** im Sinne des BGB ist ein **durch katastermäßige Vermessung räumlich abgegrenzter Teil der Erdoberfläche** zu verstehen, der **im Grundbuch** mit einem **besonderen Grundbuchblatt**, § 3 GBO, als eine **selbständige Sacheinheit geführt** wird.

II. **Voraussetzungen für den Eigentumserwerb** an Grundstücken sind:

- **Einigung** zwischen Veräußerer und Erwerber in der Form des § 925 BGB,
- **Eintragung** des **Erwerbers** im Grundbuch,
- **Verfügungsbefugnis des Veräußerers,**
- **Berechtigung des Veräußerers**.

III. Erforderlich für die Anwendbarkeit der §§ 873, 925 BGB ist grds. ein **Wechsel des Rechtsträgers**:
§ 873 BGB ist **anwendbar** bei der

- Übertragung des Rechts von Gesamthandsgemeinschaften auf Gesamthänder und umgekehrt,
- bei der Umwandlung von Gesamtgut in Vorbehaltsgut und umgekehrt,
- bei der Übertragung des Rechts von einer Personengemeinschaft auf daneben bestehende andere personengleiche Personengemeinschaften.

Unanwendbar ist § 873 BGB bei der **An- bzw. Abwachsung des Gesellschaftsvermögens** bei Personengesellschaften, bei der **rechtswechselnden Umwandlung einer Personengesellschaft**. Beim Erwerb im Wege der Gesamtrechtsnachfolge gilt § 873 BGB nicht.

§ 925 BGB gilt für die **Übereignung von Grundstücken**, **realen Grundstücksteilen** und **Anteilen an Bruchteilsgemeinschaften durch Rechtsgeschäft**. *Keine Anwendung* findet § 925 BGB jedoch bei der *Übertragung von Anteilen an Gesamthandsgemeinschaften* und *bei Gesamtrechtsnachfolge* sowie *bei einem Erwerb kraft Gesetzes oder kraft Staatsaktes.*

hemmer-Methode: Beachten Sie, dass die Form des § 925 BGB nur i.R.d. Übereignung Anwendung findet, nicht aber bei Grundstücksbelastungen. Machen Sie sich darüber hinaus den wesentlichen Unterschied zwischen § 873 und § 925 BGB klar. § 925 BGB enthält für die rechtsgeschäftliche Grundstücksübereignung zwei Ausnahmen von § 873 BGB: Die Einigung bedarf bei § 925 BGB einer besonderen Form (Abs.1) und muss unbedingt und unbefristet (Abs.2) sein.

Dingliche Einigung

Die für die Übertragung des Eigentums an Grundstücken erforderliche Einigung ist ein dinglicher Vertrag, der auch als Auflassung bezeichnet wird (so in §§ 925 ff. BGB). Die dingliche Einigung bildet zusammen mit der Eintragung das dingliche Rechtsgeschäft der Übereignung.

Skizzieren Sie das Rechtsgeschäft der dinglichen Einigung, dessen Form und Inhalt.

Sind die Parteien an die dingliche Einigung bereits vor der Eintragung gebunden?

I. Der **dingliche Vertrag** besteht aus **zwei übereinstimmenden Willenserklärungen**. Auf ihn finden die Regeln des BGB-AT Anwendung (z.B. §§ 104 ff., 145 ff., 164 ff. BGB). Er ist grds. **formfrei** *(Ausnahme: § 925 I BGB)* und kann **aufschiebend bzw. auflösend bedingt** und **befristet** werden *(Ausnahme: § 925 II BGB)*. Als dinglicher Vertrag ist die **Einigung vom schuldrechtlichen Kausalgeschäft** in seiner Wirkung und seinem Bestand grds. **unabhängig.** Ausnahmsweise kann **bei Fehleridentität ein und derselbe Nichtigkeitsgrund** die **Nichtigkeit des Verpflichtungsgeschäfts und die Nichtigkeit des dinglichen Vertrags hervorrufen.**

II. Die **Auflassung** bedarf **nicht** der **Form des § 311b I BGB**. Es ist lediglich erforderlich, dass die **Auflassung bei gleichzeitiger Anwesenheit beider Parteien vor einem Notar erklärt** wird (§ 925 I S. 2 BGB). Die **notarielle Beurkundung** dagegen ist **nur** eine **grundbuchrechtliche Voraussetzung** (§§ 20, 29 GBO). Nach § 925a BGB *soll* der *Notar* jedoch die *Auflassung nur entgegennehmen*, *wenn das Verpflichtungsgeschäft notariell beurkundet* ist, um die Formvorschrift des § 311b I BGB abzusichern. Der Verstoß gegen § 925a BGB beeinträchtigt die Wirksamkeit der Auflassung aber nicht. **Gleichzeitige Anwesenheit** erfordert **nicht persönliches Erscheinen**. Vielmehr ist eine **Stellvertretung** auf beiden Seiten **möglich**. Anmerkung: Änderungen des **schuldrechtlichen** Vertrages sind formbedürftig. Das gilt jedoch nicht mehr, nachdem die Auflassung bindend geworden ist, BGH, Life&LAW 12/2018.

III. **Inhaltlich** verlangt die **dingliche Einigung** ein **Einigsein über den Übergang des Eigentums am Grundstück**. Diese muss aus Gründen des Verkehrsschutzes **dem Bestimmtheitsgrundsatz genügen**, d.h. es ist eine **eindeutige Erklärung** bzgl. der **Person des Erwerbers** und des zu **übereignenden Grundstücks** erforderlich. Auslegungen und Umdeutungen (§ 140 BGB) sind zulässig. Auch **schadet** nach h.M. eine **falsa demonstratio nicht**, sofern die **Parteien dasselbe Grundstück gemeint** haben. Im Hinblick auf **Bedingung** und **Befristung** sei angemerkt: § 925 II BGB verbietet nur tatsächliche, nicht aber Rechtsbedingungen. **Zulässige Rechtsbedingungen** sind: Das *Abhängigmachen von öffentlich-rechtlichen Genehmigungen*, das *Hinausschieben des Eintragungsantrags bis Kaufpreiszahlung*, die *Vollziehung der Auflassung nur unter gleichzeitiger Eintragung einer Kaufpreishypothek* oder der *Zustimmung des Berechtigten bei Auflassung durch einen Nichtberechtigten*.

IV. Ein **Widerruf der dinglichen Einigung vor der Eintragung** ist nach § 873 II BGB **nicht mehr möglich**, wenn die **Erklärungen notariell beurkundet** oder **vor dem Grundbuchamt abgegeben** oder **bei diesem eingereicht** sind oder der **Berechtigte dem anderen Teil** eine **Eintragungsbewilligung** gem. §§ 19, 20 GBO ausgehändigt hat.

hemmer-Methode: Unterschätzen Sie die Bedeutung des BGB AT i.R.d. dinglichen Einigung nicht. Beim Minderjährigenrecht wirft vor allem § 181 BGB Probleme auf (vgl. Karte 12).

Fall des § 181 BGB

Die Eltern E schenken ihrem 16jährigen Sohn S eine Eigentumswohnung. Bei den dazu erforderlichen Rechtsgeschäften, die formgemäß abgeschlossen wurden, handelte die Mutter M mit Ermächtigung ihres Mannes jeweils als Vertreterin des S. S wurde als Eigentümer im Grundbuch eingetragen.

Hat S das Eigentum an der Wohnung erworben?

Die **Eintragung** des S ist **erfolgt**.
Fraglich ist jedoch, ob eine **wirksame Auflassung** vorliegt. M ist bei der Auflassung auf beiden Seiten des Rechtsgeschäfts tätig geworden. Dazu müsste sie zunächst **Vertretungsmacht** für ihren Sohn gehabt haben. Ein Minderjähriger wird grds. durch seine Eltern gemeinsam vertreten, §§ 1626, 1629 I S.1 BGB. Eine **Einzelvertretung durch einen Elternteil** ist allerdings **durch Bevollmächtigung des anderen Teils möglich**. Damit konnte M ihren Sohn allein vertreten.
Eine andere Beurteilung könnte sich allerdings ergeben, weil M als Vertreterin ihres Sohnes *mit sich selbst kontrahiert* hat (sog. **Insichgeschäft**). Eine Beschränkung ergibt sich dann aus §§ 1629 II, 1795 II i.V.m. § 181 BGB. Danach ist den Eltern ein Insichgeschäft **grds. nicht gestattet**. Allerdings enthält **§ 181 BGB** selbst von diesem Grundsatz **Ausnahmen**.
M könnte hier in **Erfüllung einer Verbindlichkeit** das **Grundstück übereignet** haben. Eine solche Verbindlichkeit ergibt sich aus dem **Schenkungsvertrag** gem. § 516 BGB. Diesen hat M aber wiederum **durch Insichgeschäft mit ihrem Sohn geschlossen**. Die **Wirksamkeit des Schenkungsvertrags** ergibt sich einerseits daraus, dass dieser für sich betrachtet lediglich **rechtlich vorteilhaft** ist. Weil eine **Interessenkollision** in diesem Fall **fehlt**, erfährt **§ 181 BGB** dann eine **teleologische Reduktion**. Wegen des rechtlichen Vorteils hätte M den Schenkungsvertrag auch selbst abschließen können. Die dingliche Übertragung von Wohnungseigentum ist *allerdings rechtlich nachteilig*, weil S nach §§ 10 ff. WEG *kraft Gesetzes Mitglied der Gemeinschaft der Wohnungseigentümer* wird und daraus persönliche Verpflichtungen resultieren (vgl. § 16 II WEG, BGH, Life&LAW 2011, 135 ff. Achtung: Rechtsprechungsänderung!!!). Bei Wirksamkeit des Schenkungsvertrages könnte der Minderjährige daher in Erfüllung einer Verbindlichkeit i.S.d. § 181 BGB in einen rechtlichen Nachteil gedrängt werden. Früher hat die Rechtsprechung hier zum Schutze des Minderjährigen geprüft, **ob** auch das **dingliche Rechtsgeschäft** lediglich rechtlich von Vorteil ist (sog. *Gesamtbetrachtung von schuldrechtlichem und dinglichem Geschäft*): Weil das dingliche RG hier nicht **rechtlich vorteilhaft** ist, wäre der Schenkungsvertrag daher unwirksam, so dass es an einer Verbindlichkeit fehlt, die über § 181 BGB erfüllt werden könnte.
Der BGH hat sich von diesem Ansatz mittlerweile gelöst. Er wurde als Verstoß gegen das Trennungsprinzip in der Literatur stark kritisiert.
Nach heute letztlich einhelliger Meinung erfährt § 181 eine teleologische Reduktion bei rechtlich nachteiligen Geschäften, so dass zwar die Schenkung schuldrechtlich wirksam ist, über § 181 BGB aber eine Erfüllung dieser Verbindlichkeit ausscheidet, wenn das dingliche Geschäft rechtlich von Nachteil ist.
Also konnte das Eigentum vorliegend daher nicht auf M übertragen werden.

hemmer-Methode: Lesen Sie zu dieser Problematik die Entscheidung des BGH in Life&LAW 2011, 135 ff. durch.

Fall des § 117 BGB

K kauft von V ein Grundstück. Als Kaufpreis vereinbaren V und K 800.000 €. Beim Notar geben V und K allerdings nur 500.000 € an, um Steuern zu sparen. Ein dementsprechender Kaufvertrag wird vom Notar nach Unterzeichnung durch V und K notariell beurkundet.

Kann K von V die Auflassung verlangen?

Kann V von K Herausgabe des Grundstücks nach § 812 I S. 1 1.Alt. BGB verlangen, wenn aufgelassen und eingetragen wurde?

I. K könnte von V die **Auflassung** nach § 433 I S. 1 BGB **verlangen**, wenn V dazu **aus** einem **Kaufvertrag verpflichtet** wäre. Dies setzt einen **wirksamen Kaufvertrag** voraus.

Da die **beurkundeten Willenserklärungen** jeweils mit Einverständnis des anderen Vertragspartners **nur zum Schein** abgegeben wurden, sind sie nach § 117 I BGB **nichtig**. Demnach besteht **kein wirksamer Kaufvertrag** mit einem Kaufpreis von **500.000 €**.

Allerdings wird durch dieses **Scheingeschäft** ein **Kaufvertrag** über das Grundstück **zum Preis von 800.000 €** verdeckt. Nach § 117 II BGB ist dieses – von den Parteien in Wahrheit **gewollte** – **Geschäft wirksam**, **sofern** seine **Wirksamkeitsvoraussetzungen erfüllt** sind. Ein **Kaufvertrag über ein Grundstück** bedarf jedoch gem. § 311b I S.1 BGB der **notariellen Beurkundung**. Da es bzgl. des **Kaufvertrags über** einen Preis von **800.000 €** an dieser **fehlt**, ist dieses Geschäft **wegen Formmangels nichtig, § 125 S. 1 BGB**.

Folglich ist **kein wirksamer Kaufvertrag** zustande gekommen, weshalb K gegen V **keinen Anspruch auf Auflassung** hat.

II. V kann von K die **Herausgabe** nach § 812 I S. 1 1.Alt. BGB verlangen, **wenn** der **Rechtsgrund für die Auflassung gefehlt** hat. Der **vor** dem **Notar geschlossene Kaufvertrag** ist nach § 117 I BGB **nichtig**; der **Kaufvertrag** in Höhe von **800.000 €** ist **wegen Formmangels unwirksam**. Allerdings sieht § 311b I S.2 BGB eine **Heilungsmöglichkeit** für den wegen Formmangels nichtigen Kaufvertrag vor. Da im vorliegenden Fall **Auflassung und Eintragung in das Grundbuch erfolgt** sind, wurde der **Kaufvertrag ex nunc wirksam,** so dass dieser einen **Rechtsgrund** i.S.d. § 812 I S. 1 1.Alt. BGB darstellt.

hemmer-Methode: Beachten Sie, dass dieser Fall i.d.R. mit einer Vormerkung ausgeschmückt sein wird: Dann besteht wegen fehlenden Kaufvertrags kein Anspruch, der nach § 883 I BGB durch eine Vormerkung gesichert werden kann. Auch liegt kein künftiger Anspruch nach § 883 I S. 2 BGB vor, da die Entstehung in diesem Fall nicht nur vom Willen des demnächst Berechtigten abhängt (BGH). Die Literatur, die darauf abstellt, ob der Schuldner sich noch einseitig von der Bindung zu lösen vermag, kommt in diesem Fall ebenfalls zu keinem anderen Ergebnis. Daher besteht trotz Eintragung keine wirksame Vormerkung.

Die Eintragung in das Grundbuch ist neben der dinglichen Einigung eine weitere Voraussetzung für die Übereignung unbeweglicher Sachen. Sie soll die an einem Grundstück bestehenden dinglichen Rechtsverhältnisse publik machen. Publizitätsmittel ist dabei das Grundbuch. Des Weiteren ist erforderlich, dass der Veräußerer hinsichtlich Auflassung und Eintragung bis zum Zeitpunkt der Vollendung des Rechtserwerbs berechtigt und verfügungsbefugt ist.

Stellen Sie die Probleme i.R.d. Eintragung dar (auch in grundbuchrechtlicher Hinsicht).

Sind trotz fehlender Verfügungsbefugnis Auflassung und Eintragung wirksam?

I. Gem. § 873 I BGB muss die durch die Einigung bezweckte **Rechtsänderung** in das **Grundbuch eingetragen** werden. Die **Eintragung** muss sich **mit** der **dinglichen Einigung inhaltlich decken**. Nicht zwingend ist, dass die Einigung zeitlich vor der Eintragung liegt. Folgt die Einigung danach, so muss sie sich auf die Eintragung beziehen. Die Vollendung des Rechtserwerbs tritt aber erst dann ein, wenn beide nebeneinander vorliegen.

Auch die Anforderungen in § 44 I S. 2 GBO sind materiell-rechtlicher Natur: Eine **wirksame Eintragung** i.S.d. § 873 I BGB liegt dann vor, wenn der **Eintragungsvermerk sowohl vom zuständigen Rechtspfleger als auch vom zuständigen Urkundsbeamten unterzeichnet** wurde. Dagegen wirkt sich das formell-rechtliche Erfordernis des § 44 I S. 1 GBO (Angabe des Eintragungstages) nicht auf die Wirksamkeit der Eintragung aus.

Die Frage, **ob** die **Eintragung** überhaupt **erfolgen darf**, richtet sich nach **formellem Grundbuchrecht**:

- **Antragsgrundsatz**, § 13 GBO: *Antragsberechtigt* sind nach § 13 I S. 2 GBO *Veräußerer* und *Erwerber*.
- **Bewilligungs- und Einigungsgrundsatz**, §§ 19, 20 GBO: § 19 GBO erfordert grds. nur eine *einseitige Eintragungsbewilligung des Veräußerers (= formelles Konsensprinzip)*. Bei der Auflassung eines Grundstücks ist allerdings die Einigung nach § 20 GBO nachzuweisen.
- **Voreintragungsgrundsatz**, § 39 GBO: *Voreintragung des Veräußerers* nach § 39 I GBO als *Berechtigter.*

II. **Verfügungsbefugt** ist der **Eigentümer**, wenn er **in** der **Befugnis**, **über** sein **Eigentum zu verfügen**, **nicht beschränkt** ist. Eine Beschränkung kann sich z.B. für den Erben aus § 2211 I BGB, für den Gemeinschuldner aus § 21 II Nr.2 InsO ergeben. Die Verfügungsbefugnis steht dann dem Testamentsvollstrecker (§ 2205 BGB) bzw. dem Insolvenzverwalter (§ 21 II Nr.2 InsO) zu. **Fehlt** die **Verfügungsbefugnis**, so ist ein **Erwerb nur möglich**, wenn

- der **Verfügungsbefugte** (z.B. Insolvenzverwalter) gem. § 185 BGB **zustimmt** oder
- die **Voraussetzungen des § 878 BGB vorliegen** oder
- ein **gutgläubiger Erwerb** gem. § 892 BGB erfolgt.

Ungeschriebene Voraussetzung des § 878 BGB ist, dass nur noch die Eintragung fehlt, da der Erwerber vor einer Rechtsbeeinträchtigung in der Zeitspanne zwischen Antragstellung und Eintragung geschützt werden soll. Nach h.L. findet § 878 BGB auch Anwendung, wenn ein Nichtberechtigter mit Zustimmung des Eigentümers gem. § 185 BGB verfügt (a.A. BGH).

hemmer-Methode: Zeigen Sie, dass Sie zwischen fehlender Verfügungsbefugnis und fehlender Berechtigung unterscheiden können. Bei fehlender Verfügungsbefugnis ist § 878 BGB vor § 892 BGB zu prüfen.

Im Eigentum des V stehen verschiedene Grundstücke, die alle im Grundbuch Gemarkung Miltenberg, Band 16, Blatt 3 eingetragen sind. V verkauft das Grundstück mit der Flurnummer 2902 formgerecht an K. Eine ebenfalls formgerechte Auflassung ist erfolgt. Der Notar stellt jedoch versehentlich den Antrag auf Eigentumsumschreibung nicht. V bleibt deshalb – von allen Beteiligten unbemerkt – als Eigentümer eingetragen. 3 Jahre später überträgt V seinem Sohn S durch formell ordnungsgemäße Auflassung „seinen gesamten in Band 16 Blatt 3 eingetragenen Grundbesitz“. Dabei gehen beide davon aus, dass Flurnummer 2902 nicht mehr im Eigentum des V steht. Eine entsprechende Eigentumsumschreibung findet statt.

Kann K seine Eintragung ins Grundbuch bzgl. der Flurnummer 2902 verlangen?

Anspruch des K aus § 894 BGB **auf Eintragung**:

Ein **Anspruch** aus § 894 BGB besteht, **wenn** nicht der im Grundbuch eingetragene S, sondern **K Eigentümer** des Grundstücks mit der Flurnummer 2902 geworden ist. Eine **wirksame Auflassung zwischen V und K** liegt vor. **K** wurde jedoch **nicht eingetragen**, womit **V Eigentümer geblieben** ist.

V könnte sein **Eigentum** jedoch **an S verloren** haben. Die **ordnungsgemäße Auflassungserklärung umfasst** auch das Grundstück mit der **Flurnummer 2902**. V und S gingen jedoch übereinstimmend davon aus, dass dieses nicht mehr im Eigentum des V stand und somit keine Übereignung an S möglich ist. Tatsächlich **bezog sich** die **dingliche Einigung nicht auf dieses Grundstück**. Die Falschbezeichnung lässt aber die Wirksamkeit der Auflassung bzgl. der übrigen Grundstücke unberührt. Zwar wurde S als Eigentümer eingetragen, jedoch **fehlt** es **bzgl. dieses Grundstücks** an einer **entsprechenden Einigung**. Damit **bleibt** materiell-rechtlich **V Eigentümer** des Grundstücks.

V kann **von S Berichtigung des Grundbuchs** nach § 894 BGB verlangen; **nicht** jedoch der **K von S**. **K** hat einen **Anspruch auf Übereignung aus** dem **Kaufvertrag**.

hemmer-Methode: Anders wäre jedoch folgender Fall zu lösen: V verkauft formgerecht an K ein aus den Flurstücken 5, 6 und 7 bestehendes Grundstück. Bei der notariellen Beurkundung der Auflassung wird versehentlich Flurnummer 6 vergessen und K somit nicht eingetragen. Kann K in diesem Fall Berichtigung des Grundbuchs nach § 894 BGB verlangen?

Die fehlende Beurkundung der Flurnummer 6 ist nach dem Grundsatz der falsa demonstratio unbeachtlich. Mangels Eintragung ist K aber nicht Eigentümer der Flurnummer 6 geworden. Wegen des öffentlichen Glaubens des Grundbuches und aus Gründen der Rechtssicherheit gelten bzgl. des Grundbuchs allerdings strengere Anforderungen. Auf die Grundbucheintragung ist daher wegen deren Eindeutigkeit der Grundsatz der falsa demonstratio non nocet regelmäßig nicht anwendbar. Somit ist V Eigentümer der Flurnummer 6 geblieben. Da das Grundbuch nicht unrichtig ist, besteht kein Anspruch des K aus § 894 BGB. Jedoch hat K auch hier weiterhin den Anspruch auf Übereignung aus dem Kaufvertrag nach § 433 I S. 1 BGB.

Der Erwerb vom Nichtberechtigten

Den widerstreitenden Interessen von (nichtberechtigtem) Veräußerer und Erwerber wird durch Schutzbestimmungen zur Sicherung der jeweiligen Ansprüche Rechnung getragen. Der Veräußerer ist daran interessiert, das Eigentum bis zur vollständigen Zahlung des Kaufpreises zurückzubehalten. Der Erwerber verfolgt dagegen das Ziel, dieses Eigentum so schnell wie möglich zu erhalten. Seinem Schutz dienen auch die Bestimmungen über den Erwerb vom Nichtberechtigten, §§ 891 ff. BGB. Danach kann der Teilnehmer am Rechtsverkehr, der auf die Eintragung vertraut, unter bestimmten Voraussetzungen auch vom Nichtberechtigten wirksam erwerben.

Wie verwirklicht das Gesetz den Ausgleich der widerstreitenden Interessen?

Welches sind die neben der Einigung und Eintragung nach §§ 873, 925 BGB zusätzlich erforderlichen Voraussetzungen für einen gutgläubigen Erwerb vom Nichtberechtigten?

I. Die **Interessen des Verkäufers** könnten **durch** die **aufschiebende Bedingung der vollständigen Zahlung** des Kaufpreises **gesichert** werden. Dem steht jedoch § 925 II BGB entgegen, der die Richtigkeit und Klarheit des Grundbuchs gewährleisten will. Jedoch ist es möglich, den **Notar unwiderruflich anzuweisen**, den **Eintragungsantrag beim Grundbuchamt erst nach vollständiger Zahlung zu stellen**. Eine **weitere Sicherungsmöglichkeit** besteht darin, dass der **Veräußerer in** eine **Belastung des Grundstücks mit einem Grundpfandrecht durch den Erwerber** gem. § 185 BGB **einwilligt**. Allerdings geschieht dies *unter* der *Bedingung der Verwendung der Kreditsumme zur Bezahlung des Kaufpreises.*

Der Erwerber muss vor allem **vor Zwischenverfügungen** des Veräußerers zwischen der Antragstellung und der Eintragung ins Grundbuch **geschützt** werden. Zum einen erfolgt dieser **Schutz über § 873 II BGB**. Liegen dessen Voraussetzungen vor, so ist der **Eigentümer unwiderruflich an** seine **Erklärung gebunden**. § 878 BGB **sichert** den **Rechtserwerb durch** den **Käufer trotz des Verlustes der Verfügungsbefugnis des Veräußerers**. Auch das **formelle Grundbuchrecht schützt** in § 17 GBO den **Erwerber vor Zwischenverfügungen**: Das Grundbuchamt muss die *gestellten Anträge in* der *zeitlichen Reihenfolge ihres Eingangs behandeln*. Dieser Schutz ist allerdings nur unvollständig, da der *Erwerber keinen Anspruch auf Einhaltung* dieser formellen Vorschrift hat. Ihm bleiben nur **Amtshaftungsansprüche** nach § 839 BGB i.V.m. Art. 34 GG. Das **umfassendste Sicherungsmittel** zugunsten des Erwerbers stellt jedoch die **Auflassungsvormerkung** dar, §§ 883 ff. BGB. Weil sie ein **relatives Verfügungsverbot** begründet, sind *sämtliche Zwischenverfügungen des Veräußerers* dem *Erwerber gegenüber unwirksam*, soweit dadurch der gesicherte Anspruch vereitelt oder beeinträchtigt würde.

II. Zum **Erwerb vom Nichtberechtigten** sind **neben** der **Einigung** und **Eintragung** zusätzlich **erforderlich**:

- Rechtsgeschäft i.S. eines **Verkehrsgeschäftes**,
- **Unrichtigkeit des Grundbuchs**,
- **Legitimation des Veräußerers**,
- **Gutgläubigkeit des Erwerbers** und
- **Keine Eintragung eines Widerspruchs**.

hemmer-Methode: Beachten Sie, dass § 892 BGB nur die relativen Verfügungsbeschränkungen überwindet (absolute nur, soweit die jeweilige Vorschrift auf § 892 BGB verweist, vgl. KK 19); § 878 BGB dagegen neben den relativen auch die absoluten. Begründet wird dies damit, dass absolute Verfügungsbeschränkungen nicht in das Grundbuch eintragungsfähig sind.

Fall zu § 878 BGB

V verkauft sein Grundstück am 26. September formgerecht an K und lässt es diesem in derselben notariellen Urkunde auf. Am 28. September stellt K den Antrag auf Eintragung beim Grundbuchamt. Kurze Zeit später, Anfang Oktober, wird über das Vermögen des V die Insolvenz eröffnet. Am 23. Dezember wird K als Eigentümer in das Grundbuch eingetragen.

Variante: Bereits am 27. September wird die Insolvenz eröffnet. In Unkenntnis dessen trägt das Grundbuchamt den gutgläubigen K am 23. Dezember in das Grundbuch ein.

Kann der Insolvenzverwalter im Ausgangsfall und in der Variante Berichtigung des Grundbuchs nach § 894 BGB verlangen?

Anspruch aus § 894 BGB:

Entscheidend für den Anspruch aus § 894 BGB ist, dass **V materiell-rechtlich Eigentümer** geblieben und somit das **Grundbuch unrichtig** ist. Im Fall hat **K** bereits bei bindender Auflassungserklärung (§ 873 II BGB) den **Antrag auf Eintragung gestellt**. Nach § 21 II Nr.2 InsO **entfiel nach Antragstellung bei V die Verfügungsbefugnis**. Da jedoch zum Eigentumserwerb **nur** noch die **Eintragung fehlte**, hat **K über § 878 BGB**, der gem. § 24 I InsO i.V.m. § 81 InsO Anwendung findet, mit Eintragung am 23. Dezember **Eigentum** erworben. Somit ist das **Grundbuch richtig**. Ein Anspruch aus § 894 BGB entfällt damit.

In der Variante **verlor V** seine **Verfügungsbefugnis bereits vor Antragstellung**. Eine Anwendung des § 878 BGB scheidet damit aus. Da jedoch noch **kein Insolvenzvermerk** im Grundbuch **eingetragen** (§ 23 InsO) und K **gutgläubig** war, hat er nach § 892 BGB **Eigentum erworben**. Auch hier ist somit das **Grundbuch richtig**. Ein Berichtigungsanspruch nach § 894 BGB ist damit nicht gegeben.

hemmer-Methode: Beachten Sie, dass § 878 BGB keine Gutgläubigkeit verlangt und als speziellere Norm immer vor § 892 BGB zu prüfen ist.

Fraglich ist die Anwendbarkeit des § 878 BGB jedoch in folgendem Fall: V verkauft K formgerecht sein Grundstück und lässt es diesem mit selbiger Urkunde auf. Der Eintragungsantrag wurde gestellt; die Eintragung ist aber noch nicht erfolgt. Wegen finanzieller Schwierigkeiten verkauft K dieses weiter an D und lässt es diesem ebenfalls auf. V ist mit diesem Vorgehen einverstanden. Der Eintragungsantrag wird gestellt. Noch vor Eintragung des D fällt K in Insolvenz.

Fraglich ist nun, wer Eigentümer des Grundstücks ist. Die Auflassung von V und K war bereits gem. § 873 II BGB bindend geworden. K verlor seine Verfügungsbefugnis erst nach Eintritt dieser Bindungswirkung. K war durch V gem. § 185 BGB zur Weiterveräußerung berechtigt(ermächtigt). Mit der herrschenden Lehre ist daher gem. § 878 BGB D Eigentümer des an ihn veräußerten Grundstücks geworden. Die Rspr. dagegen lehnt eine auch nur entsprechende Anwendung des § 878 BGB auf diesen Fall ab, weil der aufgrund § 185 BGB Verfügende immer noch Nichtberechtigter sei.

Geschützt wird durch § 892 BGB nur der rechtsgeschäftliche Erwerb.

Grund hierfür ist, dass nur für ihn ein Bedürfnis nach dem Schutz des Vertrauens des Erwerbers besteht. Ein solches Vertrauen kann jedoch nur bei rechtsgeschäftlichem Erwerb entstehen.

Nennen Sie die Anforderungen, die an ein Rechtsgeschäft gestellt werden.

In welchen Fällen wird ein Verkehrsgeschäft verneint?

Voraussetzung des § 892 BGB ist, dass es sich um einen **rechtsgeschäftlichen Erwerb** handelt, der ein **Verkehrsgeschäft** darstellt:

I. Ein Rechtsgeschäft verlangt den Erwerb eines Rechts an einem Grundstück bzw. eines Rechts an einem Grundstücksrecht. Ein **rechtsgeschäftlicher Erwerb** ist **zu verneinen** bei

- schuldrechtlichen Verträgen, z.B. Miete, Pacht,
- gesetzlichem Erwerb, z.B. bei Erbfolge gem. § 1922 oder
- Erwerb kraft Hoheitsakt, z.B. bei Zuschlag im Wege der Zwangsvollstreckung nach § 90 ZVG.

II. Das **Vorliegen eines Verkehrsgeschäfts** wird von der h.M. in folgenden drei Fällen **verneint**:

- **Wirtschaftliche/persönliche Identität:** Ein Verkehrsgeschäft liegt nur dann vor, wenn **auf der Erwerberseite mindestens eine Person** (aber nicht als Strohmann) **beteiligt** ist, **die nicht** auch der **Veräußererseite angehört**.
- **Erbfolge:** Wird ein Grundstück **durch Erbauseinandersetzung** unter Miterben **erworben**, so liegt **kein Verkehrsgeschäft** vor. Das gleiche gilt, wenn ein vermeintliches Nachlassgrundstück an eine Personenhandelsgesellschaft aufgelassen wird, die aus den gleichen Mitgliedern besteht. **Probleme** wirft jedoch die **vorweggenommene Erbfolge** auf: Überträgt der Erblasser zu Lebzeiten ein Grundstück auf diesem Wege auf den Erben, so liegt zwar ein **rechtsgeschäftlicher Erwerb** vor. Ein **Verkehrsgeschäft** ist **aber** nach h.M. **zu verneinen**, da der **Erbe durch** die **vorweggenommene Erbfolge nicht besser stehen** darf **als bei gesetzlicher Erbfolge**. Ein Verkehrsgeschäft ist aber – in Abgrenzung zu diesen erbrechtlichen Fällen – dann anzunehmen, wenn ein Miteigentumsanteil auf den anderen Miteigentümer übertragen wird; dies gilt auch dann, wenn er selbst seinen Anteil nicht wirksam erwerben konnte, BGH Life&LAW 2007, 741 ff.
- **Rückübertragung: Umstritten** ist das **Vorliegen eines Verkehrsgeschäfts**, wenn der gutgläubige Erwerber das Eigentum wegen der **Rückabwicklung des schuldrechtlichen Vertrags auf** den **Nichtberechtigten zurück überträgt**. Dieses scheitert jedenfalls nicht an der Unentgeltlichkeit des Rechtsgeschäfts.

hemmer-Methode: Vergessen Sie in diesem Zusammenhang nicht, dass § 893 BGB den Kreis der vom Gutglaubensschutz erfassten Rechtsgeschäfte erweitert. So erwirbt insbesondere auch der Käufer eine Auflassungsvormerkung, wenn der im Grundbuch eingetragene Veräußerer in Wirklichkeit nicht der Eigentümer ist. Grund dafür ist, dass die Bestellung einer Vormerkung einer Verfügung über das Grundstück gleichgestellt wird.

Weitere Voraussetzung des gutgläubigen Erwerbs vom Nichtberechtigten ist die Unrichtigkeit des Grundbuchs. Dazu ist ein bestehendes Recht erforderlich, das nicht oder unvollständig eingetragen oder zu Unrecht gelöscht ist. Unrichtigkeit liegt aber auch dann vor, wenn ein Recht eingetragen ist, das in Wirklichkeit nicht oder nicht mehr besteht. Das Grundbuch ist also unrichtig, wenn der formelle Grundbuchinhalt von der materiellen Rechtslage abweicht.

Welcher Inhalt des Grundbuchs ist Anknüpfungspunkt des guten Glaubens?

Welchen Anwendungsbereich hat § 892 I S. 2 BGB?

I. Der **gute Glaube** kann sich **nur auf den rechtlichen Inhalt des Grundbuchs beziehen**. Das Grundbuch enthält nämlich neben der Bezeichnung des Grundstücks, des Eigentümers und den rechtlichen Belastungen noch weitere tatsächliche Angaben. **§ 892 BGB** will aber gerade **nur** den **guten Glauben an** die **materielle Rechtslage schützen**. Deshalb *darf* der *Käufer nicht auf die Angaben zur Grundstücksgröße und zu den persönlichen Verhältnissen des Veräußerers im Grundbuch vertrauen.*

In **positiver Hinsicht erfasst** der **öffentliche Glaube die Richtigkeit und die Existenz aller eingetragenen Rechte**. In **negativer Hinsicht fingiert der öffentliche Glaube die Vollständigkeit aller eingetragenen Rechte (vgl. zum Sonderfall des § 899a BGB H/W, Sachenrecht III, Rn. 85a)**. Diese doppelte Funktion kommt aber **nur bzgl**. der **eintragungsfähigen Rechte** zum Tragen. So bestehen *öffentlich-rechtliche Belastungen und sonstige gesetzliche Belastungen* (sog. *unsichtbare Belastungen*) *auch gegenüber dem gutgläubigen Erwerber*, da diese nicht eingetragen werden können. Eine solche öffentlich-rechtliche Belastung stellt z.B. das gesetzliche Vorkaufsrecht der Gemeinde gem. §§ 24 ff. BauGB dar.

II. Über § 892 I S. 2 BGB wird die *Vollständigkeit des Grundbuchs* bzgl. *relativer Verfügungsbeschränkungen fingiert*. Der **gute Glaube** des Erwerbers **an** eine **eingetragene Verfügungsbefugnis** wird jedoch **nicht geschützt**. Es gilt vielmehr nur die *negative Funktion.*

Bspe.: So erwirbt der gutgläubige Käufer Eigentum, wenn er trotz Insolvenzeröffnung an die Verfügungsbefugnis des Eigentümers glaubt, solange noch kein Insolvenzvermerk im Grundbuch eingetragen ist (§ 23 I InsO). Dagegen findet kein gutgläubiger Erwerb statt, wenn der Käufer bei Eintragung eines Insolvenzvermerks an die Verfügungsbefugnis des Insolvenzverwalters glaubt, jedoch tatsächlich keine Insolvenzeröffnung stattfand.

§ 892 I S. 2 BGB erfasst insbesondere **relative Verfügungsbeschränkungen i.S.d. §§ 135, 136 BGB.** Aber auch absolute Verfügungsverbote wie 2211, 2113 BGB; 81 InsO sind erfasst, weil diese auf § 892 Bezug nimmt. Daraus ergibt sich, dass man sich als Erwerber die Existenz der jeweiligen Verfügungsbeschränkung bei Nichteintragung nicht entgegenhalten lassen muss. Für Fälle des § 1365 BGB hingegen gilt § 892 I S.2 BGB nicht.

hemmer-Methode: Achten Sie in der Klausur darauf, dass bei gutgläubigem Erwerb ein Erlösanspruch gegenüber dem Verfügenden aus § 816 I S. 1 BGB bestehen kann. Problematisch ist dann, was das Erlangte i.S. dieser Norm ist. Bestellt z.B. der Nichteigentümer wirksam eine Hypothek, so kann einerseits auf die Darlehensvaluta, andererseits auf die günstige Verzinsung abgestellt werden.

Fall zu § 892 BGB

Ist der Inhalt des Grundbuchs unrichtig, ergeben sich folgende examensrelevante Fallgestaltungen:

1. Zugunsten des H bestand an dem Grundstück des E eine Hypothek, die versehentlich gelöscht wurde. E übereignet nun das Grundstück formgerecht an den gutgläubigen K. Hat H einen Anspruch auf Berichtigung des Grundbuches nach § 894 BGB und auf Eintragung der Hypothek?
2. T ist als Testamentsvollstrecker in das Grundbuch eingetragen. In Wahrheit besteht jedoch keine Testamentsvollstreckung. T übereignet das Grundstück an den gutgläubigen K. Hat K Eigentum erworben?

Variante: Es war tatsächlich eine Testamentsvollstreckung angeordnet, aber im Grundbuch nicht eingetragen. Nun übereignet der als Eigentümer eingetragene Erbe E das Grundstück an den gutgläubigen K. Hat K Eigentum erworben?

Nehmen Sie zu den aufgeworfenen Fragen Stellung!

Fall 1: H hat einen Anspruch auf Wiedereintragung der Hypothek nach § 894 BGB, wenn diese materiell-rechtlich noch existiert. Die Hypothek des H ist zwar nicht durch die Löschung erloschen, da eine diesbzgl. Löschungsbewilligung des H nicht vorliegt. **K** könnte das **Eigentum** aber gem. §§ 873, 925, 892 BGB **gutgläubig lastenfrei** erworben haben. Die **Hypothek** stellt zwar ein **eintragungsfähiges Recht** im Sinne des § 892 BGB dar, ist jedoch **nicht im Grundbuch** eingetragen; demnach kommt K die **negative Funktion des Grundbuchs** zugute. Gem. § 892 BGB **gilt** das Recht **als nicht bestehend**. Aufgrund seines guten Glaubens hat K deshalb **lastenfreies Eigentum an dem Grundstück** erworben. Im Ergebnis hat H **keinen Anspruch auf Wiedereintragung** nach § 894 BGB.

Fall 2: Da **keine Testamentsvollstreckung** besteht, ist **T nicht verfügungsbefugt**. Die **Gutgläubigkeit** des K an die Verfügungsmacht des T wird **aufgrund der negativen Publizität** des Grundbuchs im Rahmen des § 892 I S. 2 BGB **nicht geschützt**. Ein **gutgläubiger Erwerb** nach § 892 BGB ist deshalb **nicht möglich**.

Variante:
Dem **Eigentümer** E **fehlt** in der Fallabwandlung die **Verfügungsbefugnis**. Dieses **Fehlen** war jedoch **nicht** in das Grundbuch **eingetragen**. Der **Schutz des gutgläubigen K** erfolgt hier über § 892 I S. 2 BGB, womit ein **Eigentumserwerb kraft guten Glaubens** stattfinden konnte.

hemmer-Methode: Denken Sie daran, dass im Rahmen des § 892 BGB nur der gute Glaube an das Eigentum, nicht jedoch an das Bestehen einer Verfügungsbefugnis des Nichteigentümers geschützt werden soll.

Der gute Glaube an die Verfügungsbefugnis wird nur durch § 366 I HGB geschützt: Diese Norm findet allerdings nur beim Erwerb beweglicher Sachen Anwendung, wenn es sich beim Veräußerer um einen Kaufmann handelt und der Erwerber an dessen Verfügungsbefugnis glaubt.

Das Grundbuch ist grds. Rechtsscheinsträger, aufgrund dessen ein gutgläubiger Erwerb möglich ist. Deshalb ist ein Nichtberechtigter zu Verfügungen legitimiert, wenn seine Eintragung im Grundbuch erfolgt ist. Es sind aber auch Fälle denkbar, in denen die Legitimation des Nichtberechtigten auch ohne Eintragung im Grundbuch gegeben ist.

Nennen Sie Fälle, in denen beim gutgläubigen Erwerb nicht an das Grundbuch als Rechtsscheinsträger angeknüpft wird.

I. Erbe/Scheinerbe:

Nach § 1922 BGB tritt der **Erbe in** die **Rechtsstellung des Erblassers** ein. Zu unterscheiden sind drei Probleme:

- War der **Erblasser als Nichtberechtigter** im Grundbuch **eingetragen,** so wird auch der **Erbe Inhaber dieser Buchposition. Verfügt** der **Erbe** über das Grundstück, ist ein **gutgläubiger Eigentumserwerb** nach §§ 873, 925, 892 BGB **möglich.**
- **Verfügt** ein **vermeintlicher Erbe**, der lediglich Inhaber eines **Erbscheins** ist, über ein Grundstück, das im Eigentum des Erblassers stand, findet **§ 892 BGB keine Anwendung.** Der **Mangel im Erbrecht** wird jedoch durch den **öffentlichen Glauben des Erbscheins** nach § 2366 BGB **überwunden**. Der Eigentumserwerb vollzieht sich dann gem. §§ 873, 925, 2366 BGB.
- Schließlich können diese beiden Problemfelder auch kombiniert werden: Hier ist dann der **Erbe** nur **durch Erbschein legitimiert,** der **Erblasser** nur **Bucheigentümer** und damit **Nichtberechtigter.** Der **Erwerber** muss in diesem Falle sowohl hinsichtlich der Eigentümerstellung als auch der Erbenstellung gutgläubig sein (sog. **doppelte Gutgläubigkeit**). Dann vollzieht sich der Eigentumserwerb nach §§ 873, 925, 892, 2366 BGB.

II. Zustimmung des Eingetragenen:

In einem solchen Fall **veräußert** der **nichtberechtigte Bucheigentümer** an den **Käufer 1** und lässt an ihn auf. Diese **erste Auflassung** beinhaltet i.d.R. eine **Einwilligung zu einer weiteren Auflassung**. **Käufer 1 veräußert** wiederum an **Käufer 2** und lässt ebenfalls an ihn auf. Noch **vor Eintragung des Käufers 1** wird **Käufer 2** in das Grundbuch **eingetragen.** Es ist nicht ausreichend, wenn der Bucheigentümer seine Zustimmung gem. § 185 BGB gibt, da dieser nicht berechtigt ist. Vielmehr kann ein **Erwerb nur über § 892 BGB** erfolgen. Zwar fehlt dem Käufer 1 die grundbuchrechtliche Legitimation; jedoch kann es nicht darauf ankommen, ob der Bucheigentümer unmittelbar an den Käufer 2 übereignet oder ob er dem Käufer 1 die Zustimmung zur Weiterveräußerung gibt. **Käufer 2** ist nach § 892 BGB **auch ohne Voreintragung legitimiert.**

III. Doppelbuchung:

Bei sich **widersprechenden Angaben im Grundbuch**, kann der Erwerber **nicht auf den Rechtsscheinstatbestand vertrauen**. Durch eine Doppelbuchung wird der Veräußerer nicht legitimiert.

hemmer-Methode: Denken Sie daran, dass § 40 I GBO im Falle der Erbschaft bei Übertragung oder Aufhebung eines Grundstücksrechts auf den Voreintragungsgrundsatz (§ 39 I GBO) verzichtet. Wäre eine Voreintragung des Erben zur Legitimation erforderlich, würde dies Grundstücksverkäufe des Erben unbillig erschweren.

Fall zur Legitimation

1. Der Erblasser B ist zu Unrecht im Grundbuch als Eigentümer eines Grundstücks des E eingetragen. Der Erbe X des B lässt das Grundstück an D auf, der gutgläubig hinsichtlich der Stellung des X ist. D wird als Eigentümer im Grundbuch eingetragen. Wurde D tatsächlich Eigentümer?

   Variante 1: Wie ist der Ausgangsfall zu beurteilen, wenn B Eigentümer ist, X jedoch nicht Erbe, aber Inhaber eines Erbscheins?

   Variante 2: Welche Besonderheit ergibt sich bei Variante 1, wenn B nur Bucheigentümer ist?

2. Der Bucheigentümer B lässt das Grundstück an C auf. Mit Zustimmung des B lässt C das Grundstück ohne Voreintragung wiederum an D auf. D wird unmittelbar nach B als Eigentümer ins Grundbuch eingetragen. Hat der wahre Eigentümer E einen Grundbuchberichtigungsanspruch gegenüber D?

Beantworten Sie die aufgeworfenen Fragen!

1. Gem. § 1922 BGB trat **X** in die **Rechtsstellung des Erblassers B** ein; damit wurde **X Inhaber der Buchposition,** da auch diese ein vermögenswertes Gut darstellt. Fraglich ist nun, ob **D von X gutgläubig Eigentum erwerben** konnte: Eine Voreintragung des X ist nach § 40 I GBO formell-rechtlich nicht erforderlich. Materiell-rechtlich kann nichts anderes gelten: Der **Rechtsschein** wirkt auch ohne Eintragung **zugunsten des Erben.** Damit ist **X** auch **ohne Eintragung legitimiert** im Sinne des § 892 BGB. **D** konnte daher nach §§ 873, 925, 892 BGB **gutgläubig das Eigentum am Grundstück** erwerben.

Bei **Variante 1** liegt ein **Mangel im Erbrecht** vor. Wäre X tatsächlich Erbe, hätte ein Eigentumserwerb problemlos nach §§ 873, 925 BGB stattfinden können (vgl. Grundfall).

Den Mangel im Erbrecht kann aber § 892 BGB nicht überwinden. Der **öffentliche Glaube des Grundbuchs** kann sich **nur auf** das **Eigentum** oder das **Fehlen von relativen Verfügungsbeschränkungen beziehen, nicht** jedoch **auf Mängel anderer Art.** Der vorliegende **Mangel im Erbrecht** kann aber **durch den öffentlichen Glauben des Erbscheins** (§ 2366 BGB) **überwunden** werden. Somit hat **D**, da ein solcher Erbschein vorlag, nach §§ 873, 925, 2366 BGB **Eigentum** am Grundstück **erworben.**

Bei **Variante 2** dagegen besteht der **Mangel sowohl im Erbrecht als auch im Eigentum.** X ist nur Bucheigentümer, womit nur ein **Erwerb vom Nichtberechtigten** in Betracht kommt, § 892 BGB. **X** ist aber lediglich **Scheinerbe** und damit **nicht legitimiert.** Die **fehlende Erbenstellung** kann jedoch **durch § 2366 BGB überwunden** werden. Dabei gilt **derjenige** als **Erbe,** der **durch** den **Erbschein ausgewiesen** ist. Im vorliegenden Fall war **D** sowohl hinsichtlich der Eigentümerstellung als auch hinsichtlich der Erbenstellung **gutgläubig** *(doppelte Gutgläubigkeit).* Deshalb konnte er das **Eigentum am Grundstück** gem. §§ 873, 925, 892, 2366 BGB **gutgläubig erwerben.**

2. Hier kommt ein **gutgläubiger Erwerb nach § 892 BGB** in Betracht: Allerdings **fehlt** die **Legitimation,** da der **Ersterwerber nicht eingetragen** ist. Aber es kann keinen Unterschied machen, ob der eingetragene Bucheigentümer direkt an einen gutgläubigen Dritten veräußert oder ob er einem Dritten die Zustimmung zur Weiterveräußerung gibt. Wenn also eine **wirksame Zustimmung** im Sinne des § 185 BGB vorliegt, ist der **Weiterveräußernde** im Sinne des § 892 BGB **auch ohne** eine **Voreintragung legitimiert.** D hat somit nach §§ 873, 925, 892, 185 BGB gutgläubig Eigentum erworben, so dass das **Grundbuch nicht unrichtig** ist. Ein **Anspruch des E entfällt** damit.

hemmer-Methode: Denken Sie daran, dass die erste Auflassung i.d.R. eine Einwilligung zu einer weiteren Auflassung beinhaltet. Der Voreintragungsgrundsatz steht dem nicht entgegen.

Wer Kenntnis davon hat, dass das Grundbuch unrichtig ist, bedarf keines Schutzes. Grund dafür ist, dass er sich auf die richtige Rechtslage einstellen und sich vor den Nachteilen beim Erwerb eines tatsächlich nicht bestehenden Rechts schützen kann. § 892 BGB schließt daher in diesem Fall den gutgläubigen Erwerb aus.

Auch der im Grundbuch eingetragene Widerspruch verhindert den gutgläubigen Erwerb. Denn der Widerspruch hat Warnfunktion für den Erwerber, der deswegen keinen Schutz mehr verdient.

Welche Anforderungen werden an die Gutgläubigkeit gestellt, welche Wirkungen hat der Widerspruch?

I. Im Unterschied zu § 932 BGB wird bei § 892 BGB die **Gutgläubigkeit nur durch** die **positive Kenntnis von der Unrichtigkeit des Grundbuchs vernichtet.** Deshalb genügt eine **grob fahrlässige Unkenntnis nicht;** auch ist der **Erwerber nicht verpflichtet, Nachforschungen anzustellen.** Hat der **Erwerber Kenntnis von** den die **Unrichtigkeit begründenden Tatsachen,** so ist er **nur** dann **bösgläubig,** wenn er aus dieser Kenntnis den **Schluss auf die Unrichtigkeit** des Grundbuchs **gezogen** hat. **Bösgläubigkeit** liegt aber auch dann vor, wenn der Erwerber über die Unrichtigkeit des Grundbuchs **aufgeklärt** wurde, sich **aber vor** den **Tatsachen unredlicherweise verschlossen** hat. Da **§ 892 BGB** als **Ausschlusstatbestand** formuliert ist, wird **Gutgläubigkeit vermutet.**

Nicht erforderlich für einen gutgläubigen Erwerb ist, dass der Erwerber das **Grundbuch tatsächlich eingesehen** hat. **Ausreichend** ist vielmehr die **Eintragung des Veräußerers im Grundbuch.**

Gem. § 892 I S. 1 BGB muss die **Gutgläubigkeit noch im Zeitpunkt der Vollendung des Rechtserwerbs,** also zum Zeitpunkt der Eintragung, vorliegen. Von diesem strengen Grundsatz macht jedoch **§ 892 II BGB** eine **Ausnahme**: Danach findet eine **Vorverlegung des maßgeblichen Zeitpunktes** statt. Die **Gutgläubigkeit** muss **nur bis zum Zeitpunkt der Antragstellung beim Grundbuchamt** vorliegen, **wenn für den Erwerb des Rechts nur noch** die **Eintragung erforderlich** ist. Da § 892 II BGB das gleiche Ziel wie § 878 BGB verfolgt, müssen auch hier bis auf die Eintragung alle Tatbestandsmerkmale erfüllt sein. Vor allem bei noch nicht vorliegenden öffentlich-rechtlichen oder privatrechtlichen Genehmigungen scheitert der Eigentumserwerb an § 892 II BGB (h.M.).

Der **Zeitpunkt der Gutgläubigkeit** ist allerdings dann **problematisch, wenn** der **Eigentümer** seine **Auflassungserklärung anficht,** obwohl der Erwerber das **Grundstück** bereits **an** einen **Dritten aufgelassen** hat. **Umstritten** ist, auf welchen **Zeitpunkt** nun bzgl. der Gutgläubigkeit abzustellen ist, da zum Zeitpunkt der Antragstellung des Dritten der Ersterwerber noch nicht eingetragen war, und das Grundbuch erst mit der Eintragung des Ersterwerbers unrichtig wurde. Die **h.M. modifiziert § 892 II BGB** dahingehend, dass der **Dritte im Zeitpunkt der Eintragung des wegen § 142 I BGB nichtberechtigt Verfügenden gutgläubig** sein muss. Die **Gutgläubigkeit bei Antragstellung** ist dagegen **nicht ausreichend,** da ein früherer Antrag die Rechtstellung des Dritten nicht verbessern darf.

II. Ist im Grundbuch ein **Widerspruch eingetragen,** so ist der **Erwerb kraft guten Glaubens ausgeschlossen.** Da der **Widerspruch keine Grundbuchsperre** begründet, ist ein **Erwerb** bei zu Unrecht eingetragenem Widerspruch **möglich.**

hemmer-Methode: Beachten Sie, § 892 II BGB hilft nicht über einen eingetragenen Widerspruch hinweg.

Fall zum Zeitpunkt der Gutgläubigkeit

Zum besseren Verständnis des maßgeblichen Zeitpunkts der Gutgläubigkeit noch folgender Fall:

Eigentümer E veräußert sein Grundstück an K und lässt es diesem ordnungsgemäß auf. Der Antrag auf Eintragung wird gestellt. K verkauft dieses Grundstück noch vor seiner Eintragung an D weiter und lässt es diesem ebenfalls auf. D hat im Zeitpunkt der Antragstellung Kenntnis, dass im Grundbuch E noch als Eigentümer eingetragen ist. Bereits vor der Eintragung des K ficht E die Auflassung wirksam an. Als dem D die Anfechtung von E mitgeteilt wird, ist zwischenzeitlich K eingetragen. Schließlich wird auch noch D eingetragen.

Kann E von D Grundbuchberichtigung nach § 894 BGB verlangen?

E kann von D die **Berichtigung des Grundbuchs** nach § 894 BGB verlangen, wenn er **noch Eigentümer** und somit das **Grundbuch unrichtig** ist:

Aufgrund der **Rückwirkung der Anfechtung** (§ 142 I BGB) war **K zur Weiterveräußerung nicht berechtigt. D** konnte somit nur **gutgläubig erwerben**. **Umstritten** ist jedoch, auf welchen **Zeitpunkt** hinsichtlich der **Gutgläubigkeit** abzustellen ist. Schließlich war zum Zeitpunkt der Antragstellung des D der K noch nicht eingetragen, und das Grundbuch wurde erst mit der Eintragung des K unrichtig.

Das RG lehnt eine Anwendung des § 892 II BGB mit der Begründung ab, dass das Grundbuch zum Zeitpunkt der Antragstellung noch nicht unrichtig war. Im Zeitpunkt des Geschäftsabschlusses lag die erforderliche Vertrauensgrundlage noch nicht vor. Deshalb fordert das **RG**, dass der **Erwerber** zumindest **bis zu seiner eigenen Eintragung gutgläubig** ist.

Die **h.M. modifiziert** jedoch **§ 892 II BGB** dahingehend, dass der **Erwerber** *im Zeitpunkt der Eintragung des verfügenden Nichtberechtigten* **gutgläubig** sein muss. Dies ergibt sich **aus** dem **Zweck des § 892 II BGB**, der den Erwerber vor den Gefahren einer verzögerten Eintragung schützen soll. Außerdem liegt auch dann ein gutgläubiger Erwerb vor, wenn der Erwerber das Grundbuch nicht eingesehen hat. Eine Vertrauensgrundlage ist daher nicht erforderlich. Somit ist die **Gutgläubigkeit bei** der **Antragstellung nicht ausreichend,** da die **Rechtsstellung des Erwerbers durch einen verfrühten Antrag nicht verbessert** werden darf.

Folgt man der **h.M.,** hat im vorliegenden Fall **D gutgläubig Eigentum erworben,** weil er **erst nach der Eintragung des K von der Anfechtung Kenntnis** erlangte. Im Ergebnis ist deshalb das **Grundbuch nicht unrichtig,** womit ein **Anspruch des E auf Grundbuchberichtigung entfällt.**

hemmer-Methode: Denken Sie in Zusammenhängen: Nach h.M. führt auch die Eintragung einer Vormerkung zu einer Vorverlagerung des für den guten Glauben maßgeblichen Zeitpunktes. Es ist damit ausreichend, wenn der Erwerber zum Zeitpunkt der Eintragung seiner Vormerkung gutgläubig ist. Geschützt wird er jedoch nicht bereits ab Stellung des Antrags auf Eintragung der Vormerkung.

VI. Das dingliche Vorkaufsrecht

Allgemeines

Das in §§ 1094 ff. BGB geregelte dingliche Vorkaufsrecht entfaltet eine vormerkungsgleiche Wirkung. Es ermöglicht dem Berechtigten, das belastete Grundstück zu den gleichen Bedingungen zu erwerben, zu denen der Verpflichtete es an einen Dritten verkauft hat. Bei Ausübung des dinglichen Vorkaufsrechts bestehen dann in der Person des Vorkaufsverpflichteten zwei Kaufverträge über dasselbe Grundstück.

Welche Rechtsnatur kommt dem dinglichen Vorkaufsrecht zu?

Wie kann es vom schuldrechtlichen, persönlichen Vorkaufsrecht nach §§ 463 ff. BGB abgegrenzt werden?

I. Die Frage, welche **Rechtsnatur** das dingliche Vorkaufsrecht hat, ist **umstritten.** Einigkeit besteht dahingehend, dass es eine **dingliche Belastung** des Grundstücks darstellt.

Nach der **h.M.** liegt ein **doppelt bedingter Kauf** vor, wobei die erste Bedingung der Eintritt des Vorkaufsfalles und die zweite die fristgerechte Ausübung des Vorkaufsrechts ist. Indem eine **andere Ansicht** im dinglichen Vorkaufsrecht eine **dingliche Anwartschaft** sieht, verkennt sie, dass das Vorkaufsrecht ein echtes dingliches Recht ist. Eine **weitere Ansicht** sieht im Inhalt der dinglichen Rechtsposition ein **Gestaltungsrecht.**

II. Nach § 1098 I S. 1 BGB sind für das dingliche Vorkaufsrecht die **Vorschriften über das schuldrechtliche, persönliche Vorkaufsrecht anwendbar.** Dabei ist aber nicht erforderlich, dass für das dingliche Vorkaufsrecht ein schuldrechtliches bestehen muss. Die **causa kann** vielmehr auch ein **entgeltlicher Vertrag**, eine **Schenkung etc. sein**. Eine **Abgrenzung** kann durch die Gegenüberstellung bestimmter Merkmale erfolgen:

- **Gegenstand** des **dinglichen** Vorkaufsrechts können **nur Grundstücke und Erbbaurechte** sein; das **schuldrechtliche** kann **auch an beweglichen Sachen** bestellt werden.
- **Verpflichteter** ist beim **dinglichen Vorkaufsrecht** der **jeweilige Eigentümer**; beim **schuldrechtlichen nur der Besteller.**
- Das **dingliche Vorkaufsrecht** kann nach § 1097 BGB **für einen oder für mehrere Vorkaufsfälle** bestellt werden; das **schuldrechtliche** immer **nur für einen**.
- Eine **preisliche Limitierung** ist **beim dinglichen Vorkaufsrecht** wegen des sachenrechtlichen Typenzwangs **nicht möglich**; **beim schuldrechtlichen** kann § 464 II BGB abbedungen werden, so dass eine **Limitierung zulässig** ist.
- **Gegenüber Dritten** wirkt das **dingliche Vorkaufsrecht** nach § 1098 II BGB **wie** eine **Vormerkung**; das **schuldrechtliche** wirkt dagegen **nur inter partes (kann aber durch eine Vormerkung gesichert werden).**

hemmer-Methode: Vergessen Sie in diesem Zusammenhang nicht, dass dem dinglichen Vorkaufsrecht ein eigener schuldrechtlicher Vertrag zugrunde liegt; dieser bedarf nach h.M. analog § 311b I S.1 BGB der notariellen Form! Sofern es um ein schuldrechtliches Vorkaufsrecht geht, ist der entsprechende Vertrag ebenfalls formbedürftig gem. § 311b I S.1 BGB. Im anderen Fall käme durch (formlose) Ausübung des Vorkaufsrechts ein wirksamer Vertrag über ein Grundstück zustande, ohne dass je eine notarielle Beurkundung stattgefunden hätte.

VI. Das dingliche Vorkaufsrecht

Entstehung u.a.

Wie alle anderen dinglichen Rechte entsteht das dingliche Vorkaufsrecht durch Einigung und Eintragung ins Grundbuch. Damit finden auch die allgemeinen Vorschriften der §§ 873 ff. BGB Anwendung. Der Inhalt bestimmt sich dabei nach § 1094 I BGB. Im Rahmen der Einigung müssen Berechtigter und Verpflichteter darin übereinstimmen, dass der Verpflichtete das Grundstück an den Berechtigten übertragen muss, wenn er das Grundstück an einen Dritten veräußert und der Berechtigte sein Vorkaufsrecht ausübt.

Ist die dingliche Einigung formfrei gültig?

Was ist bei der Entstehung des dinglichen Vorkaufsrechts weiterhin zu beachten?

Kann das dingliche Vorkaufsrecht übertragen werden?

Wie erlischt das dingliche Vorkaufsrecht?

I. Da eine Vorschrift wie § 925 BGB i.R.d. dinglichen Vorkaufsrechts fehlt, ist die **dingliche Einigung** zu dessen Bestellung **formfrei** möglich. Allerdings ist für den zugrunde liegenden **schuldrechtlichen Vertrag** nach § 311b I S. 1 BGB analog die **notarielle Beurkundung** erforderlich. Auch bejaht die h.M. die **Möglichkeit der Heilung** der formunwirksamen, **schuldrechtlichen causa** nach § 311b I S.2 BGB analog, wenn die **Eintragung des dinglichen Vorkaufsrechts** erfolgt ist. Die lediglich analoge Anwendung beruht auf der Tatsache, dass die Eintragung des Vorkaufsrechts noch nicht den Eigentumswechsel nach sich zieht.

II. Berechtigter und Verpflichteter können als **Belastungsgegenstand** nur ein **Grundstück**, ein **Erbbaurecht** oder einen **Miteigentumsanteil** (§ 1095 BGB) wählen. Im *Zweifel* erfolgt eine *Erstreckung* auch *auf das Grundstückszubehör* (§ 1096 BGB).

Wer Berechtigter eines dinglichen Vorkaufsrechts sein kann, bestimmt sich nach § 1094 BGB. Ist **Berechtigter** eine **natürliche oder juristische Person**, spricht man von einem **subjektiv-persönlichen Vorkaufsrecht** (§ 1094 I BGB); ist Berechtigter aber ein **jeweiliger Eigentümer eines anderen Grundstücks**, so liegt ein **subjektiv-dingliches Vorkaufsrecht** vor (§ 1094 II BGB). Ferner bestimmen §§ 1098 I S. 1, 472 BGB, dass das Vorkaufsrecht für mehrere Miteigentümer bestellt werden kann. Problematisch ist der Fall, dass ein subjektiv-persönliches Vorkaufsrecht bewilligt, aber ein subjektiv-dingliches eingetragen wurde. Dann kommt nur das subjektiv-persönliche Vorkaufsrecht als minderes Recht zur Entstehung.

Die **Bestellung mehrerer Vorkaufsrechte an einem Grundstück** ist grds. **möglich**, jedoch **kommt** im Vorkaufsfall **nur** das **rangbessere zum Zuge**. Das nachrangige Vorkaufsrecht kann sich nur durchsetzen, wenn der vorrangig Berechtigte auf die Ausübung verzichtet. Um diesen Konflikt zu vermeiden, stellt sich die Frage, ob die Bestellung gleichrangiger Vorkaufsrechte möglich ist. Während eine Ansicht dies uneingeschränkt zulässt, wird von einer anderen Ansicht diese Möglichkeit mit der Begründung unpraktischer Konsequenzen abgelehnt. Von diesem Fall ist die Situation abzugrenzen, in welcher ein Vorkaufsrecht an mehreren Grundstücken besteht. Es stellt sich die Frage, ob das VKR dann nur einheitlich ausgeübt werden kann, vgl. Life&LAW 2006, 808 ff.

III. Das **subjektiv-persönliche Vorkaufsrecht** ist grds. **weder übertragbar noch vererbbar** (§§ 1098 I S. 1, 473 BGB); eine **abweichende Vereinbarung** ist aber **möglich.** Das **subjektiv-dingliche Vorkaufsrecht** kann **losgelöst vom Eigentum nicht übertragen** werden. Eine Veräußerung/Belastung des belasteten Grundstücks umfasst auch das Vorkaufsrecht (§ 96 BGB).

IV. Ist das Vorkaufsrecht für *einen Vorkaufsfall* bestellt, so **erlischt** es **mit Ausübung, Verzicht, Aufhebung oder Ablauf der Ausübungsfrist.**

hemmer-Methode: Vergessen Sie nicht, dass ein Vorkaufsrecht nach § 892 BGB auch gutgläubig erworben werden kann.

Fall zur Entstehung

Eigentümer E vereinbart mit K ein dingliches Vorkaufsrecht an seinem Grundstück. Für den Fall, dass K von seinem Vorkaufsrecht Gebrauch machen will, ist ein Kaufpreis von 400.000 € vereinbart. E bewilligt und beantragt die Eintragung des Vorkaufsrechts im Grundbuch.

Ist ein dingliches Vorkaufsrecht zugunsten des K wirksam entstanden?

Das dingliche Vorkaufsrecht nach §§ 1094 ff. BGB hat nur dann die Wirkung einer Vormerkung nach § 1098 II BGB, wenn seine Vereinbarung wirksam war:

Die **Vereinbarung eines dinglichen Vorkaufsrechts zu** einem **festen Kaufpreis** ist jedoch gem. §§ 1098 I, 464 II BGB **unwirksam.** Dies findet seinen Grund im **Typenzwang des Sachenrechts.** Danach ist eine von den Regelungen des schuldrechtlichen Vorkaufsrechts abweichende, erweiternde Vereinbarung im Rahmen des dinglichen Vorkaufsrechts unzulässig. Wegen der *Vertragsfreiheit* sind solche *Vereinbarungen beim schuldrechtlichen Vorkaufsrecht* nach §§ 463 ff. BGB *möglich*, da diese Normen insoweit *dispositiv* sind.

Fraglich ist jedoch, ob diese **unwirksame Bestellung eines dinglichen Vorkaufsrechts** in die **Bestellung eines schuldrechtlichen Vorkaufsrechts umgedeutet** werden kann. Dazu dürften die Rechtsfolgen des schuldrechtlichen Vorkaufsrechts nicht weitergehen als diejenigen des unwirksamen dinglichen Vorkaufsrechts (ergibt sich aus Sinn und Zweck des § 140 BGB). Dies muss bejaht werden.

Weiter würde allerdings ein **schuldrechtliches, durch eine Vormerkung gesichertes Vorkaufsrecht** reichen: Die **Bestellung einer Vormerkung für ein schuldrechtliches Vorkaufsrecht** ist **möglich**, da nach § 883 I S. 2 BGB auch bedingte Ansprüche durch eine Vormerkung gesichert werden können. Fraglich ist jedoch, ob auch dieses ein *Weniger gegenüber dem dinglichen Vorkaufsrecht* darstellt. Das RG bejahte dies. Dagegen muss jedoch eingewendet werden, dass das durch eine Vormerkung gesicherte schuldrechtliche Vorkaufsrecht bereits ab Eintragung der Vormerkung die Wirkung des § 883 II BGB (also die relative Unwirksamkeit vereitelnder Verfügungen) hat. Das dingliche Vorkaufsrecht entfaltet diese Wirkung jedoch erst ab Eintritt des Vorkaufsfalls. Das **dingliche Vorkaufsrecht** kann damit **nicht in** ein **durch Vormerkung gesichertes schuldrechtliches Vorkaufsrecht umgedeutet** werden.

hemmer-Methode: Im vorliegenden Fall scheitert die Umdeutung also, weil es um die Vormerkungswirkung geht. Sofern es aber nur um die Existenz eines Vorkaufsrechts selbst geht, kann sich durch Auslegung ergeben, dass ein schuldrechtliches Vorkaufsrecht als (mit-) vereinbart angesehen werden kann, wenn die Vorkaufsberechtigung bereits ab Vertragsschluss und unabhängig von der Eintragung im Grundbuch bestehen sollte, BGH, Life&LAW 2014, 161 ff.

Im Vorkaufsfall hat der Vorkaufsberechtigte gegen den Vorkaufsverpflichteten einen Anspruch auf Auflassung nach §§ 433 I, 464 II, 463, 1098 I S. 1, 1094 I, 873 I BGB. Dieser Anspruch setzt allerdings voraus, dass ein dingliches Vorkaufsrecht wirksam entstanden, der Vorkaufsfall eingetreten ist und der Vorkaufsberechtigte sein Vorkaufsrecht wirksam ausgeübt hat. Der Vorkaufsfall tritt dann ein, wenn der Vorkaufsverpflichtete einen formwirksamen Kaufvertrag über das Grundstück mit einem Dritten abschließt.

Wann liegt eine wirksame Ausübung des Vorkaufsrechts vor und welche Wirkungen hat diese?

Wie wird der Schutz des Vorkaufsberechtigten verwirklicht?

I. Die **Ausübung** des Vorkaufrechts erfolgt **durch** eine **einseitige, empfangsbedürftige Willenserklärung** gegenüber dem Vorkaufsberechtigten (§§ 1098 I S. 1, 464 I S. 1 BGB). Sie ist gem. §§ 1098 I S. 1, 464 I S. 2 BGB **nicht formbedürftig.** Allerdings ist erforderlich, dass das Vorkaufsrecht **innerhalb von zwei Monaten ab Mitteilung des Vorkaufsfalls** durch den Verpflichteten oder den Dritten **ausgeübt** wird (§§ 1098 I S. 1, 469 II BGB).

Durch die **wirksame Ausübung** des Vorkaufsrechts kommt ein **Kaufvertrag zwischen dem Vorkaufsberechtigten und dem Vorkaufsverpflichteten mit** den **Bedingungen** zustande, **die** auch dem **Vertrag mit** dem **Dritten zugrunde lagen** (§§ 1098 I S. 1, 464 II BGB).

II. Der **Schutz des Vorkaufsberechtigten** wird auf verschiedene Weise verwirklicht:

- Wegen der **vormerkungsgleichen Wirkung** des dinglichen Vorkaufsrechts (§§ 1098 II, 883 II BGB) sind **vorkaufswidrige Verfügungen** dem Vorkaufsberechtigten gegenüber **relativ unwirksam, soweit** dadurch das **Vorkaufsrecht beeinträchtigt oder vereitelt** wird. Gegenüber dem vormerkungswidrig eingetragenen Dritten hat der Berechtigte einen **Anspruch auf Zustimmung zu seiner Eintragung** (§§ 1098 II, 888 I BGB; 19 GBO). Sind nach Eintritt des Vorkaufsfalls **Belastungen eingetragen** worden, so kann der Berechtigte deren **Löschung vom Inhaber der Belastung verlangen** (§§ 1098 II, 888 I BGB; 19 GBO).
- Für den Fall, dass der **Dritte bereits Besitzer** des Grundstücks ist, muss der Vorkaufsberechtigte einen **Herausgabeanspruch** gegen diesen haben. Den Anspruch nach § 985 BGB kann der Berechtigte aber nur geltend machen, wenn er bereits als Eigentümer eingetragen ist. Sind **Auflassung und Eintragung** dagegen noch **nicht erfolgt**, leitet die **h.M.** einen **entsprechenden Herausgabeanspruch** aus **§ 1100 BGB** ab. Das dort geregelte *Zurückbehaltungsrecht des Dritten setzt* denknotwendig das *Bestehen eines solchen Herausgabeanspruchs voraus.*
- Während die Anwendung der **§§ 987 ff. BGB bei erfolgter Eintragung** des Berechtigten keine Probleme aufwirft, ist sie **bei** noch **nicht erfolgter Eintragung** umstritten. **Rspr. und h.L. bejahen** in diesem Fall eine **Analogie.**
- Das dingliche Vorkaufsrecht ist ein **sonstiges Recht i.S.d. § 823 I BGB.**

hemmer-Methode: Der ursprünglich geschlossene Kaufvertrag zwischen Vorkaufsberechtigtem und Drittem wird durch die Ausübung des Vorkaufsrechts nicht aufgelöst. Hat der Dritte das Eigentum noch nicht erworben, so gelten die §§ 280 ff. BGB; hatte der Dritte dagegen das Eigentum bereits erworben und wegen §§ 1098 II, 888 BGB wieder verloren, gilt neben den §§ 280 ff. BGB die Vorschrift des § 1102 BGB.

Dienstbarkeiten sind beschränkte dingliche Rechte an einem Grundstück. Sie sind in den §§ 1018-1093 BGB geregelt und auf ein Dulden (der Benutzung bzw. Nutzungsziehung) oder Unterlassen (tatsächlicher Handlungen, Ausübung von Rechten) gerichtet. Sie unterscheiden sich von der Reallast dadurch, dass diese auf ein aktives Handeln gerichtet ist.

Welche Dienstbarkeiten bestehen nach dem BGB?

I. Grunddienstbarkeit, §§ 1018-1029 BGB:

Der **Eigentümer des "dienenden" Grundstücks** muss

- einzelne **Benutzungen** des Grundstücks **dulden,**
- darf einzelne tatsächliche **Handlungen** auf dem Grundstück **nicht vornehmen** oder
- einzelne aus dem Eigentum fließende **Rechte nicht ausüben**.

Berechtigter kann nur der jeweilige **Eigentümer eines anderen, "herrschenden" Grundstücks** sein, für dessen *Benutzung die Grunddienstbarkeit vorteilhaft* ist.

II. Nießbrauch, §§ 1030-1089 BGB:

Der **Eigentümer** eines **Grundstücks** oder einer **beweglichen Sache** bzw. der **Inhaber eines Rechts** muss **dulden,** dass **sämtliche Nutzungen von dem Berechtigten** gezogen werden. **Berechtigter** kann **nur** eine **bestimmte Person** sein. Der Nießbrauch ist **nicht übertragbar** und **nicht vererblich**, vgl. §§ 1059, 1061 BGB.

III. Beschränkte persönliche Dienstbarkeit, §§ 1090-1093 BGB:

Grundsätzlich gleicher Rechtsinhalt **wie** die **Grunddienstbarkeit. Berechtigter** kann aber **nur** eine **bestimmte Person** sein, und ein **Vorteil** für die Benutzung eines anderen Grundstücks ist **nicht erforderlich. Nicht übertragbar** und **nicht vererblich**, vgl. §§ 1092 I, 1090 II i.V.m. 1061 BGB.

hemmer-Methode: Genaue Kenntnisse im Bereich der Dienstbarkeiten werden in der Klausur von Ihnen nicht verlangt. Sie müssen vielmehr ein gewisses Grundverständnis aufbringen und vor allem das Gesetz genau lesen!

Nießbrauch

Der Nießbrauch gewährt dem Berechtigten grds., sämtliche Nutzungen des belasteten Grundstücks zu ziehen und ist somit das umfassendste dingliche Nutzungsrecht. In der Praxis liegt die Bedeutung des Nießbrauchs vor allem in der Verwendung als Versorgungsnießbrauch zu Lebzeiten des Berechtigten.

Was kann Gegenstand des Nießbrauchs sein?

Wie wird der Nießbrauch begründet und wie ist seine inhaltliche Ausgestaltung?

Stellen Sie die Rechte und Pflichten des Nießbrauchers dar.

I. Der **Nießbrauch** kann grds. **nur an beweglichen und unbeweglichen Sachen** bestellt werden (§ 1030 I BGB); allerdings erweitert § 1068 I BGB die Belastungsgegenstände auch auf **Rechte**. Weiterhin spricht § 1085 BGB zwar von einem *Nießbrauch an einem Vermögen*, jedoch kann das Vermögen als solches *wegen des sachenrechtlichen Spezialitätsgrundsatzes nicht Gegenstand dinglicher Rechte* sein. Somit muss der **Nießbrauch an jedem einzelnen Gegenstand bestellt** werden (§ 1085 S.1 BGB).

II. Der Nießbrauch wird **durch Rechtsgeschäft begründet** (z.B. §§ 1032, 929 ff.; 873 BGB). Dieses Rechtsgeschäft unterliegt den gleichen **Formerfordernissen wie** die **Übertragung des Eigentums am Nießbrauchsgegenstand.** Die **Bestellung** eines Nießbrauchs **an** einer **beweglichen Sache** bzw. einer **Forderung** ist daher **formlos** möglich. Soll der Nießbrauch dagegen **an** einer **hypothekarisch gesicherten Forderung** oder an einer **Grundschuld** bestellt werden, ist nach § 1069 I BGB die **Form des § 1154 I BGB** einzuhalten.

Die **h.M.** nimmt **neben** dem **dinglichen Rechtsverhältnis** auch ein **gesetzliches Schuldverhältnis** an. Dieses kann zwischen Nießbraucher und Eigentümer für eine **Haftung aus §§ 280 I i.V.m. 241 II, bei Schadensersatz statt der Leistung i.V.m. § 282 BGB** (auch i.V.m. § 278 BGB) herangezogen werden.

Der Nießbraucher erhält das **Recht, alle Nutzungen** der Sache bzw. des Rechts **zu ziehen** (§§ 1030 I, 1068 II BGB). Allerdings **kann** der Nießbrauch gem. § 1030 II BGB **durch** den **Ausschluss einzelner Nutzungen beschränkt werden**. Weil die Rechtsnatur als umfassendstes Nutzungsrecht erhalten werden muss, ist ein **Ausschluss wesentlicher Bestandteile des Nießbrauchsgegenstandes** nach h.M. **unzulässig.**

III. Der Nießbraucher hat das **Recht zur umfassenden Fruchtziehung.** Das **Eigentum an den Früchten** erwirbt er **durch Trennung** (§ 954 BGB). Weiterhin hat der Nießbraucher nach § 1036 I BGB ein **Recht zum Besitz** i.S.d. § 986 BGB. Bei einem **Nießbrauch an** einer **Forderung** kann der Nießbraucher zwar die **Zinsen** verlangen, ist zur **Einziehung des Kapitals** jedoch **nur gemeinschaftlich mit** dem **Gläubiger** berechtigt (§ 1077 I BGB). Ist die **Forderung** dagegen **unverzinslich**, steht ihm auch ein **alleiniges Einziehungsrecht** zu (§ 1074 BGB). **Leistet** der **Schuldner**, so tritt über eine **dingliche Surrogation** an die Stelle der Forderung der geleistete Gegenstand, an dem sich der Nießbrauch fortsetzt (§ 1075 I BGB). Der Nießbraucher ist **zur Erhaltung der Sache, zur Zurückgabe und zur Tragung der Lasten verpflichtet** (§§ 1041, 1055, 1045, 1047 BGB).

hemmer-Methode: Beachten Sie, dass der Nießbrauch gem. § 1061 S.1 BGB mit dem Tode des Berechtigten endet und gem. § 1059 BGB weder übertragbar noch vererblich ist. Allerdings ist es möglich, dass der Berechtigte mit dem Eigentümer einen (schuldrechtlichen) Vertrag zugunsten Dritter (z.B. Erben) schließt.

Grunddienstbarkeiten

Wie der Nießbrauch sind auch die Grunddienstbarkeit und die beschränkte persönliche Dienstbarkeit dingliche Nutzungsrechte. Die Grunddienstbarkeit und die beschränkte persönliche Dienstbarkeit sind jedoch darauf ausgerichtet, dem Berechtigten einzelne Nutzungen an dem Grundstück zu gewähren, während der Nießbrauch grds. die gesamten Nutzungen des belasteten Gegenstandes umfasst. Von den Miet- und Pachtverhältnissen unterscheiden sie sich durch ihren dinglichen Charakter.

Wie unterscheiden sich Grunddienstbarkeit und beschränkt persönliche Dienstbarkeit?

Wie wird die Grunddienstbarkeit bestellt und was ist ihr Inhalt?

Was gilt hinsichtlich ihrer Übertragbarkeit?

I. Nach § 1018 BGB kann eine **Grunddienstbarkeit nur zugunsten eines bestimmten** (sog. herrschenden) **Grundstücks** eingetragen werden. **Berechtigt** ist dann **nur** der jeweilige **Eigentümer** dieses Grundstücks. Bei der **beschränkt persönlichen Dienstbarkeit** regelt § 1090 BGB, dass nicht an das Grundstückseigentum, sondern **an** eine ganz **bestimmte Person angeknüpft** wird.

II. Die **Grunddienstbarkeit** entsteht nach § 873 BGB durch **Einigung und Eintragung.** Die **Eintragung** muss lediglich **beim dienenden Grundstück** erfolgen; *kann* aber auch *zusätzlich* noch *beim herrschenden Grundstück* vorgenommen werden. Für §§ 891, 892 BGB ist aber nur die Eintragung beim dienenden Grundstück maßgeblich. Der **Grunddienstbarkeit liegt** ein **schuldrechtlicher Vertrag zugrunde,** der **nicht** der **Form des § 311b I BGB** bedarf.

Der **Inhalt** der Grunddienstbarkeit bestimmt sich nach § 1018 BGB (zur Auslegung, wenn Streit über die Reichweite der Befugnisse besteht, vgl. BGH, Life&LAW 2020, 398 f.). Danach kann der **Berechtigte** das **dienende Grundstück** insoweit **gebrauchen**, dass dem **Eigentümer** eine **nicht unwesentliche Nutzungsmöglichkeit verbleibt** (z.B. Wegerecht). Bleibt der Eigentümer hinsichtlich der konkreten Nutzung mitberechtigt, kann er den Abschluss einer Ausübungsregelung verlangen, welche die Nutzung nach billigem Ermessen regelt. Widerspricht die Nutzung durch den Berechtigten nicht billigem Ermessen, kann der Eigentümer schon vor Zustandekommen einer Ausübungsregelung auf Unterlassung klagen, vgl. Life&LAW 2009, 17 ff.

Des Weiteren kann der Berechtigte verlangen, dass der Eigentümer des dienenden Grundstücks **Handlungen unterlässt,** die er sonst aufgrund seiner Eigentümerstellung ausüben dürfte (z.B. Bebauungsbeschränkungen). Weiterhin kann der Eigentümer durch eine Grunddienstbarkeit **verpflichtet** werden, **bestimmte** – sich aus seinem Eigentum ergebende – **Rechte nicht geltend zu machen** (z.B. Ausweitung der Duldungspflicht nach § 906 BGB).

Zu beachten ist allerdings, dass sämtliche **Belastungen niemals auf** eine **aktive Handlung des Verpflichteten gerichtet** sein dürfen.

Gegenüber der **Grunddienstbarkeit** ergeben sich für die beschränkt persönliche Dienstbarkeit folgende **Abweichungen:** Sie muss **immer** einen **Vorteil** für den einzelnen Eigentümer des herrschenden Grundstücks bedeuten. Beinhaltet sie keinen Vorteil für die Benutzung des herrschenden Grundstücks, so muss an eine Umdeutung gedacht werden.

III. Die **Grunddienstbarkeit folgt** dem **herrschenden Grundstück bei dessen Übertragung als Bestandteil** (§ 96 BGB).

hemmer-Methode: Zum besseren Verständnis der Grunddienstbarkeit lösen Sie den Fall auf KK 43!

Fall zur Grunddienstbarkeit

Lösen Sie zum besseren Verständnis der Dienstbarkeiten folgenden Fall:

Die traditionelle bayerische Brauerei B hat dem G ein Grundstück verkauft, auf dem dieser ein Restaurant betreiben will. B möchte dabei sicherstellen, dass G nur ihr Bier verkauft und lässt sich zur dinglichen Sicherung dieses Bezugsmonopols eine Dienstbarkeit bestellen. Diese hat zum Inhalt, dass G jährlich 300 hl Bier abzunehmen habe.

Abwandlung: B möchte sich eine Dienstbarkeit mit dem Inhalt bestellen lassen, dass auf dem Grundstück kein Bier mit Ausnahme des von B gebrauten verkauft werden darf.

Ist die Bestellung einer Dienstbarkeit im Ausgangsfall und in der Abwandlung möglich?

Ausgangsfall:

Eine Dienstbarkeit mit diesem Inhalt würde eine **Pflicht zu einem positiven Tun** begründen; dies **kann** jedoch **nicht Gegenstand einer Dienstbarkeit sein**, vgl. § 1018 BGB. Die **Bestellung** einer solchen Dienstbarkeit ist deshalb **nicht möglich.** In Betracht käme lediglich die **schwache Absicherung auf schuldrechtlicher Ebene** mit einem entsprechenden **Bierlieferungsvertrag**.

Abwandlung:

Eine Dienstbarkeit mit diesem Inhalt begründet zwar nur eine **bloße Pflicht zur Unterlassung** in der Form, dass **kein fremdes Bier verkauft** werden könne. Bei **wirtschaftlicher Betrachtungsweise** entsteht jedoch eine **faktische Abnahmepflicht,** wenn G auf dem Grundstück überhaupt ein Restaurant betreiben will. Aus diesem Grund hält der **BGH** eine **solche Dienstbarkeit** für **unwirksam,** denn es werde zwar nicht ein tatsächliches Handeln verboten, sondern die **rechtsgeschäftliche Freiheit unzulässig eingeschränkt.** Im Übrigen bestehe kein echtes Verhältnis zwischen der zu unterlassenden Handlung und dem dienenden Grundstück.

Die Rspr. hat jedoch ein generelles Verbot des Vertriebs eines bestimmten Produkts für zulässig erklärt, bei dem durch einen lediglich schuldrechtlich wirkenden Vertrag Ausnahmen zugunsten der B vereinbart wurden.

Die **Literatur** dagegen **unterscheidet** vielmehr, **ob** der **Schwerpunkt der Verpflichtung bei wirtschaftlicher Betrachtungsweise auf einem positiven Tun oder Unterlassen** liegt. Lediglich danach soll sich die Wirksamkeit der Dienstbarkeit richten.

hemmer-Methode: In diesem Bereich wird von Ihnen im Examen nichts Unmögliches verlangt. Sie brauchen keine Einzelheiten zu wissen. Hier handelt es sich vielmehr um eines der meist diskutierten Probleme im Rahmen der Dienstbarkeiten, so dass Sie zumindest Grundverständnis mitbringen sollten.

Unerlässlich ist es auch, dass Ihnen die klassische Dienstbarkeit – das Wegerecht – geläufig ist. Häufig ist ein solches bereits aus der Lage von dienendem und herrschendem Grundstück zueinander zwingend erforderlich. Probleme können sich daraus ergeben, dass derartige Wegerechte schon seit langem bestehen und deshalb eine erweiternde Auslegung erforderlich werden kann, so dass auch die Benutzung moderner Fortbewegungsmittel abgesichert ist (Stichwort: „Auto statt Pferdefuhrwerk").

Die beschränkte persönliche Dienstbarkeit

Die beschränkte persönliche Dienstbarkeit ist ein weiterer Unterfall der Dienstbarkeiten. Dem Inhalt nach entspricht sie der Grunddienstbarkeit (vgl. § 1090 I BGB), knüpft aber anders als diese nicht an ein bestimmtes Grundstück, sondern an eine bestimmte Person an. Daher muss die beschränkte persönliche Dienstbarkeit auch nicht für ein Grundstück, sondern für den Berechtigten vorteilhaft sein.

Was ist bei der beschränkten persönlichen Dienstbarkeit zu beachten?

I. Entstehung:

Als beschränktes dingliches Recht **durch Einigung und Eintragung** gem. § 873 I BGB.

II. Berechtigte:

Nur **bestimmte natürliche oder juristische Personen.** Nach **h.M.** kann die beschränkte persönliche Dienstbarkeit analog § 1196 BGB **auch zugunsten des Eigentümers** des Grundstücks bestellt werden, wenn dieser ein **schutzwürdiges Interesse** daran hat.

III. Schuldrechtliches Grundgeschäft:

Es unterliegt **nicht § 311b I BGB**, z.B. **Schenkung, Kauf, Sicherungsvertrag.** Bei Unwirksamkeit des Grundgeschäfts ist die beschränkte persönliche Dienstbarkeit kondizierbar.

IV. Übertragbarkeit:

Die Übertragbarkeit ist **ausgeschlossen**; aber **Überlassung der Ausübung an** einen **anderen zulässig**, **wenn** Überlassung **gestattet,** vgl. § 1092 I BGB

V. Erlöschen:

Die beschränkt persönliche Dienstbarkeit erlischt insbesondere **mit** dem **Wegfall des Berechtigten durch Tod bei natürlicher Person** oder **Erlöschen einer juristischen Person** gem. § 1090 II i.V.m. § 1061 BGB.

hemmer-Methode: Beachten Sie auch das dingliche Wohnungsrecht (§ 1093 BGB) als Sonderfall der beschränkten persönlichen Dienstbarkeit (KK 45)!

Das dingliche Wohnungsrecht des § 1093 BGB ist ein Sonderfall der beschränkten persönlichen Dienstbarkeit, so dass die Ausführungen auf KK 44 grundsätzlich auch hier gelten. Es ist aufgrund seiner umfassenden Berechtigung nießbrauchsähnlich (vgl. § 1093 I S. 2 BGB).

Wie unterscheidet sich das dingliche Wohnungsrecht von der Miete, der beschränkt persönlichen Dienstbarkeit nach den §§ 1090-1092 BGB und dem Dauerwohnrecht nach § 31 WEG?

I. Abgrenzung zur schuldrechtlichen Miete:

Ob Miete oder (Verpflichtung zur Bestellung eines) Wohnungsrecht(s) gewollt ist, ist durch Auslegung (§§ 133, 157 BGB) zu ermitteln. Von der **Verpflichtung zur Bestellung eines Wohnungsrechts** ist nur auszugehen, wenn der **ernsthafte Wille zur Grundstücksbelastung hinreichend klar** zu Tage tritt. **Im Zweifel** ist **Miete** anzunehmen.

II. Unterschiede zur Dienstbarkeit nach §§ 1090-1092 BGB:

Hauptzweck der Benutzung muss das **Wohnen** sein; das **Benutzungsrecht** muss sich auf ein **Gebäude/Gebäudeteil** beziehen; der **Eigentümer** muss **von der Benutzung** des Gebäudes **ausgeschlossen** sein.

III. Abgrenzung zu § 31 WEG:

Das **Dauerwohnrecht** nach § 31 WEG **unterscheidet sich von** der **beschränkten persönlichen Dienstbarkeit durch** seine **Veräußerbarkeit** und **Vererblichkeit. Begründet** wird das Dauerwohnrecht **durch Einigung** und **Eintragung,** § 873 I BGB.

> **hemmer-Methode: Das dingliche Wohnrecht hat durch die Schaffung des Rechtsinstituts des Wohnungseigentums an Bedeutung verloren, kommt aber immer noch zur Anwendung, wo über das Mietverhältnis hinaus eine Verdinglichung der Rechtslage beabsichtigt ist.**
>
> **Auch das Dauerwohnrecht nach § 31 WEG hat in der Praxis kaum Bedeutung.**

VIII. Die Reallast

Allgemeines

Bei der Reallast gem. §§ 1105 ff. BGB ist das Grundstück mit dem dinglichen Recht auf Entrichtung wiederkehrender Leistungen aus dem Grundstück belastet. Praktische Bedeutung hat sie im Altenteilsrecht, als Rentenreallast und bei Unterhaltspflichten im Nachbarschaftsverhältnis.

Wie entsteht die Reallast?

Welchen Inhalt hat sie?

Wie unterscheidet sie sich von der Dienstbarkeit?

I. Entstehung:

Als dingliches Recht durch **Einigung** und **Eintragung** gem. § 873 I BGB.

Schuldrechtliches Grundgeschäft (z.B. Schenkung, Versorgungsvertrag, Sicherungsvertrag) bedarf **nicht** der **Form des § 311b I BGB**; *Kondizierbarkeit* der abstrakten dinglichen Reallast *bei* dessen *Unwirksamkeit*.

II. Berechtigter: *subjektiv-persönliche Reallast* (§ 1105 I BGB): **natürliche oder juristische Person**
subjektiv-dingliche Reallast (§ 1105 II BGB): **jeweiliger Eigentümer eines anderen Grundstücks**

III. Inhalt: kein Leistungsanspruch, sondern **reines Verwertungsrecht,** d.h. Eigentümer muss nicht leisten, aber Zwangsvollstreckung dulden, wenn Handlungen nicht vorgenommen werden.

Unterscheiden Sie:

- Die Reallast als Ganzes (Stammrecht auf Entrichtung wiederkehrender Leistungen) als dingliche Belastung des Grundstücks (§ 1105 I BGB).
- Das Recht auf Entrichtung jeder Einzelleistung als dingliche Belastung des Grundstücks (§ 1107 BGB)
- Die persönliche Haftung des Eigentümers für die Einzelleistungen mit seinem gesamten Vermögen (§ 1108 BGB).

IV. Übertragbarkeit, vgl. §§ 1110, 1111 BGB

V. Abgrenzung zur Dienstbarkeit: Die *Reallast* ist auf eine *aktive Handlung* gerichtet, die *Dienstbarkeit* dagegen auf ein *Dulden* oder *Unterlassen*.

hemmer-Methode: Einzelheiten zur Reallast werden kaum Klausurschwerpunkt sein. Denkbar ist aber eine Abgrenzung verschiedener beschränkt dinglicher Rechte, wenn nicht klar ist, was die Parteien gewollt haben, so dass Sie schon einmal davon gehört haben sollten.

Als Ausnahme von den §§ 93, 94 BGB wurde 1951 die Möglichkeit des Wohnungseigentums geschaffen. So sollte dem gestiegenen Wohnbedarf und der daraus folgenden Begrenztheit der bebaubaren Bodenfläche Rechnung getragen werden. Das Wohnungseigentum gibt dem Inhaber das Eigentum an einer der Wohnungen des Gebäudes. Dieses setzt sich zusammen aus dem Miteigentum am Grundstück und den gemeinschaftlichen Anlagen sowie dem Sondereigentum an der Wohnung.

Wie wird das Sondereigentum begründet?

Welche Rechte und Pflichten ergeben sich für den Wohnungseigentümer?

Wie ist das Verhältnis der Wohnungseigentümer untereinander geregelt?

I. Die **Begründung** des Wohnungseigentums kann sowohl **durch Vertrag** zwischen den bisherigen Miteigentümern (§ 3 WEG) oder **durch Erklärung des Eigentümers** gegenüber dem Grundbuchamt (§ 8 WEG) erfolgen.

II. Die **Rechte des Wohnungseigentümers** bestimmen sich nach **§ 13 I WEG:** Danach ist er berechtigt, über sein Wohnungseigentum *im Rahmen des Gesetzes und der Rechte Dritter frei zu verfügen*. Jedoch kann er das *Sondereigentum nicht losgelöst vom Miteigentumsanteil veräußern oder belasten* (§ 6 I WEG); sein Recht, die Wohnung zu vermieten oder zu verpachten, bleibt davon allerdings unberührt.

Die Form des **§ 311b I S.1 BGB** (direkt) muss nach h.M. **beim schuldrechtlichen Vertrag** zur Übertragung des Wohnungseigentums eingehalten werden.

Die **Pflichten des Wohnungseigentümers** bestimmen sich nach **§§ 14, 15 WEG:** Neben dem Katalog des § 14 WEG können die Wohnungseigentümer *in* einer *Gemeinschaftsordnung weitere Pflichten* festlegen (§§ 10 I S. 2, 15 I WEG). Diese **Gemeinschaftsordnung** bindet einen Erwerber aber nur, wenn sie im Grundbuch eingetragen ist (§ 10 III WEG). Verstößt ein Wohnungseigentümer gegen seine Pflichten aus dem WEG oder der Gemeinschaftsordnung in schwerwiegender Weise, so kann er zur Veräußerung seines Wohnungseigentums gezwungen werden (§§ 18, 19 WEG).

III. Das **Verhältnis der Wohnungseigentümer** untereinander ist als **Gemeinschaft i.S.d. §§ 741 ff. BGB** ausgestaltet. Es bestimmt sich jedoch maßgeblich nach dem WEG bzw. der Gemeinschaftsordnung.

hemmer-Methode: Im Zusammenhang mit dem Formerfordernis des § 311b I S.1 BGB müssen Sie auch hier an eine mögliche Anwendbarkeit des § 242 BGB denken. Danach kann der schuldrechtliche Vertrag trotz nicht beachteter Form wirksam sein, wenn der Veräußerer arglistig über die Formbedürftigkeit täuscht oder die Nichtigkeit nach § 125 S.1 BGB zu schlechthin untragbaren Ergebnissen führen würde.

Das Erbbaurecht ist nach der Legaldefinition in § 1 I ErbbauRG eine besondere Form der Belastung eines Grundstücks. Da das Erbbaurecht aber gem. § 11 ErbbauRG wie ein Grundstück selbst behandelt wird, wird es auch als grundstücksgleiches Recht bezeichnet. Durch das Erbbaurecht wird der Wohnungsbau gefördert, da der Erbbauberechtigte den Kaufpreis für das Grundstück spart, aber gleichwohl Eigentümer des Bauwerks wird. Der Wertzuwachs am Grundstück verbleibt dagegen dem Eigentümer.

Stellen Sie kurz den Inhalt des Erbbaurechts, dessen Bestellung, Übertragung bzw. Belastung und Beendigung dar.

I. Inhalt des Erbbaurechts:

Das Erbbaurecht berechtigt nach § 1 ErbbauRG, auf einem Grundstück ein Bauwerk zu haben. Die Besonderheit besteht darin, dass *ein in Ausübung des Erbbaurechts errichtetes oder bereits bestehendes Bauwerk als wesentlicher Bestandteil des Erbbaurechts* gilt, § 12 I ErbbauRG. Das Bauwerk unterfällt damit nicht nach § 94 BGB als wesentlicher Bestandteil des Grundstücks dem Eigentum des Grundeigentümers, vgl. § 95 I S.2 BGB. Damit **erhält der Erbbauberechtigte die Möglichkeit, Eigentümer eines Gebäudes ohne gleichzeitigen Erwerb eines Grundstücks zu werden**. Die Gegenleistung des Erbbauberechtigen für die Bestellung des Erbbaurechts ergibt sich aus dem schuldrechtlichen Grundgeschäft.

II. Bestellung des Erbbaurechts:

Als Grundstücksbelastung wird das Erbbaurecht durch **formlose** (vgl. § 11 I ErbbauRG) **Einigung und Eintragung** bestellt, § 873 I BGB. Die **schuldrechtliche Verpflichtung** zur Bestellung, Erwerb oder Übertragung des Erbbaurechts unterliegt gem. § 11 II ErbbauRG der **Form des § 311b I S.1 BGB.**

III. Übertragung und Belastung des Erbbaurechts:

Die Übertragbarkeit und Belastbarkeit des Erbbaurechts ergibt sich aus dessen *Rechtsnatur als grundstücksgleichem Recht*, §§ 1 I, 11, 18 ff., 29, 33 ErbbauRG. Die **Übertragung** erfolgt gem. §§ 11 ErbbauRG, 873 BGB **durch formlose Einigung und Eintragung.** Die **Belastung** des Erbbaurechts ist mit jedem Recht, das an einem Grundstück bestellt werden kann, **zulässig**, §§ 11 I S. 2 ErbbauRG, 873 BGB

IV. Beendigung des Erbbaurechts:

Das Erbbaurecht erlischt **durch Ablauf der vereinbarten Zeit** (§ 27 ErbbauRG), durch **Aufhebung** gem. §§ 26, 11 ErbbauRG, 875 BGB, aber *nicht durch die Vereinigung mit dem Eigentum in einer Person*, §§ 11 I ErbbauRG, 889 BGB. Bei Erlöschen des Erbbaurechts finden die §§ 93 ff. BGB wieder Anwendung, so dass das *Gebäude dann an den Grundstückseigentümer fällt*. Der Erbbauberechtigte hat **kein Wegnahme- oder Aneignungsrecht bezüglich des Gebäudes** (§ 34 ErbbauRG), jedoch hat der *Grundstückseigentümer* den Erbbauberechtigten grds. nach § 27 I S. 1 ErbbauRG zu *entschädigen*.

hemmer-Methode: Auch zum Erbbaurecht müssen Sie in der Klausur keine Spezialkenntnisse vorweisen. Sie müssen jedoch in der Lage sein, anhand der Regelungen des ErbbauRG und allgemeiner Sachenrechtsgrundsätze eine vertretbare Lösung zu erarbeiten. Über § 11 ErbbauRG gelangt man zudem ins allgemeine Grundstücksrecht des BGB, so dass sich das Erbbaurecht auch als Aufhänger einer Klausur eignet.

V. Die Vormerkung

Allgemeines

Der Abschluss des schuldrechtlichen Verpflichtungsgeschäfts begründet zwar die Verpflichtung des Veräußerers, das Grundstückseigentum auf den Erwerber zu übertragen, hindert aber den Veräußerer nicht daran, das Grundstückseigentum auf einen anderen zu übertragen. Zur Sicherung des Anspruchs des Erwerbers sieht daher das Gesetz das Institut der Vormerkung nach §§ 883 ff. BGB vor.

Definieren Sie die Vormerkung und stellen Sie die Rechtsnatur der Vormerkung dar.

Welche Erscheinungsformen gibt es?

Nennen Sie den Unterschied zwischen Vormerkung und Widerspruch.

I. Die **Vormerkung** ist eine **grundbuchmäßige Sicherung** des **schuldrechtlichen Anspruchs auf** eine **dingliche Rechtsänderung.**

Da sie daher eine **Zwitterstellung zwischen obligatorischem und dinglichem Recht** innehat, ist die **Rechtsnatur** der Vormerkung **umstritten:** Eine **Mindermeinung** geht davon aus, dass die Vormerkung ein **dingliches Recht** ist. Die **h.M.** dagegen betrachtet die Vormerkung als ein **dingliches Sicherungsmittel eigener Art.** Bedeutung hat dieser Streit jedoch nur beim gutgläubigen Ersterwerb der Vormerkung, wirkt sich aber auf das Ergebnis nicht aus. Die Mindermeinung kann in diesem Fall § 892 BGB direkt anwenden, die h.M. aber nur analog. Begründet wird dies nach überwiegender Ansicht damit, dass die Bewilligung einer Vormerkung die Belastung eines Rechts darstelle und somit eine Verfügung i.S.d. § 893 2.Alt. BGB sei; dieser jedoch erklärt § 892 BGB für entsprechend anwendbar.

II. Zu unterscheiden sind **vier Arten der Vormerkung**:

- Die **"normale" Vormerkung** gem. §§ 883 ff. BGB sichert den Anspruch des Käufers auf dingliche Rechtsänderung. Häufigster Fall: die sog. Auflassungsvormerkung, die einen Anspruch auf Übereignung sichert.
- Die **Löschungsvormerkung** (§ 1179 BGB) und der **gesetzliche Löschungsanspruch** (§ 1179a BGB) sollen das Zusammenfallen von Eigentum und Hypothek/Grundschuld zugunsten des nachrangig Berechtigten sichern.
- Die **Vormerkung von Amts wegen** (§ 18 II GBO) sichert den Rang einer beantragten Eintragung, wenn ein Antrag bzgl. desselben Rechts beim Grundbuchamt eingeht.
- Das **dingliche Vorkaufsrecht** stellt zwar **keine Vormerkung im eigentlichen Sinne** dar, entfaltet jedoch über § 1098 II BGB die **gleichen Wirkungen** zugunsten des Vorkaufsberechtigten (vgl. Karte 38).

III. Die Eintragung eines Widerspruchs nach § 899 I BGB zugunsten des materiell Berechtigten verhindert einen gutgläubigen Erwerb vom nichtberechtigten Bucheigentümer (§ 892 I S. 1 BGB).

Dagegen **schützt** die **Vormerkung** den **Erwerber vor zwischenzeitlichen Verfügungen des Veräußerers** (§ 883 BGB); diese **kündigt** somit eine **künftige Rechtsänderung an.**

hemmer-Methode: Die Funktion der Vormerkung ist, den Erwerber vor der Gefahr zu schützen, dass er lediglich auf die schuldrechtlichen Ansprüche aus Unmöglichkeit (§§ 280 I, III, 283 BGB) beschränkt wird. Merken Sie sich die Kurzformel: Die Vormerkung prophezeit, der Widerspruch protestiert.

Die Vormerkung darf nach § 883 I BGB nur zur Sicherung eines schuldrechtlichen Anspruchs eingetragen werden. Existiert ein solcher Anspruch weder gegenwärtig noch künftig, so kommt die Vormerkung nicht zur Entstehung. Diese Folgerung ergibt sich aus der strengen Akzessorietät der Vormerkung.

Welches sind die Voraussetzungen für die Eintragung einer Vormerkung?

Welche Anforderungen werden an den nach § 883 I BGB erforderlichen Anspruch gestellt?

I. **Voraussetzungen** für die Eintragung einer Vormerkung nach §§ 883, 885 BGB:

- **vormerkungsfähiger Anspruch**
- **Bewilligung** des Betroffenen oder **einstweilige Verfügung**
- **Eintragung ins Grundbuch**
- **Berechtigung und Verfügungsbefugnis**

II. Nach § 883 I S. 1 BGB sind **vormerkungsfähig** die **Ansprüche auf Einräumung** oder **Aufhebung eines Rechts** an einem Grundstück oder an einem das Grundstück **belastenden Recht** sowie die **Ansprüche auf Änderung des Inhalts oder Ranges eines solchen Rechts**. Dabei ist gleichgültig, ob sich der zu sichernde Anspruch aus Vertrag, Gesetz oder einseitigem Rechtsgeschäft ergibt.

§ 883 I S. 2 BGB erweitert den Kreis der vormerkungsfähigen Ansprüche auf **künftige oder bedingte Ansprüche**. Kommt der Anspruch tatsächl. zur **Entstehung**, so wird der Inhaber schon **rückwirkend ab dem Zeitpunkt der Eintragung geschützt**. Rspr. und Lit. stellen jedoch **strenge Anforderungen an** das Vorliegen eines **künftigen Anspruchs**. Ein solcher soll nur dann vorliegen, wenn der **Rechtsboden für** seine **Entstehung** bereits **soweit vorbereitet** ist, dass die **Entstehung** des Anspruchs **nur** noch **vom Willen des demnächst Berechtigten** abhängt. Dies liegt z.B. beim **Vorvertrag** und beim **bindenden Verkaufsangebot** vor; nicht dagegen beim Vertrag zugunsten Dritter, wenn der Dritte erst später benannt werden soll. In einem solchen Fall kann nur der Versprechensempfänger vorgemerkt werden. **Bloße Erwerbsaussichten** genügen nach h.M. **nicht** den Anforderungen eines **künftigen Anspruchs**. Ein Problem wirft in diesem Rahmen auch das *Handeln eines Vertreters ohne Vertretungsmacht* auf. Handelt dieser auf Käuferseite, so ist wegen der Genehmigungsmöglichkeit des demnächst Berechtigten der Rechtsboden hinreichend gelegt (str. wegen § 178 BGB); tritt er dagegen auf Verkäuferseite auf, steht die Genehmigungsmöglichkeit nicht im Belieben des Käufers, womit ein künftiger Anspruch zu verneinen ist.

Weniger strenge Anforderungen werden dagegen an einen **bedingten Anspruch** gestellt; insoweit ist es ausreichend, wenn die notwendigen Willenserklärungen abgegeben sind und eine feste Rechtsgrundlage bilden. Der Bedingungseintritt kann dann im Belieben des Schuldners oder Gläubigers stehen. Vgl. Sie dazu unbedingt **Life&LAW 2002, 798 ff.** zur Frage der Sicherbarkeit eines Anspruchs auf Rückübereignung für den Fall, dass der Erwerber sich als grob undankbar erweist. Wird durch Vormerkung ein durch die Rücktrittserklärung bedingter Rückübereignungsanspruch gesichert, kann die eingetragenen Vormerkung durch erneute Bewilligung auf weitere Rücktrittsgründe ausgedehnt werden, ohne dass es der erneuten Eintragung der Vormerkung bedürfte, BGH Life&LAW 2008, 308 ff.

hemmer-Methode: Im Zusammenhang mit der strengen Akzessorietät müssen Sie alle im BGB vorhandenen Unwirksamkeitsgründe beachten. Dabei sind aber nach ganz h.M. Heilungsmöglichkeiten z.B. nach §§ 311 b I S. 2, 518 II BGB wegen deren ex-nunc-Wirkung außer Acht zu lassen.

Fall zum vormerkungsfähigen Anspruch

1. V und K haben sich über den Verkauf eines Grundstücks, das dem V gehört, zum Preis von 200.000 € mündlich geeinigt. Vor dem Notar gaben sie allerdings – um Steuern und Gebühren zu sparen – lediglich einen Kaufpreis von 150.000 € an. In dieser Urkunde bewilligt V dem K eine Auflassungsvormerkung. Nach Eintragung dieser Vormerkung erwirkt D aufgrund einer einstweiligen Verfügung eine Vormerkung zur Sicherung eines Wegerechts am Grundstück des V. K wird schließlich als Eigentümer eingetragen.
2. Erblasser E vermacht seinem Sohn S ein Grundstück in einem formgültigen Erbvertrag.

1. Kann K von D die Löschung des Wegerechts verlangen?

2. Kann zugunsten des S eine Auflassungsvormerkung bewilligt werden?

1. K könnte einen Anspruch auf **Zustimmung zur Löschung des Wegerechts** nach § 888 BGB haben. Dann müsste dieses Wegerecht wegen der Auflassungsvormerkung des K ihm gegenüber nach § 883 II BGB relativ unwirksam sein.

Für die Wirkung des § 883 II BGB ist jedoch **Voraussetzung**, dass die **Auflassungsvormerkung** zugunsten des K **wirksam entstanden** ist. Der **notarielle Kaufvertrag** zwischen V und K hat **nur Scheincharakter** und ist deshalb nach § 117 I BGB **unwirksam**. Der **mündlich geschlossene Vertrag** über einen Kaufpreis von 200.000 € ist **wegen Formmangels** nach §§ 311b I S.1, 125 S.1 BGB **nichtig**. Im Zeitpunkt der **Eintragung** der Vormerkung lag deshalb **kein wirksamer Anspruch** vor, der durch eine Vormerkung hätte gesichert werden können (vgl. § 883 I S. 1 BGB).

Allerdings könnte sich aus der **Eintragung des K** etwas anderes ergeben; gem. § 311b I S.2 BGB tritt **Heilung des formungültigen Kaufvertrags** über 200.000 € ein. Wenn diese Heilung rückwirkende Kraft entfalten sollte, handelt es sich bei dem Anspruch aus Kaufvertrag noch um einen gegenwärtigen. § 311b I S.2 BGB **wirkt** jedoch wegen des eindeutigen Wortlautes nur **ex nunc**.

Es könnte allerdings auch wegen der bestehenden Heilungsmöglichkeit von einem **künftigen Anspruch** ausgegangen werden. Für den künftigen Anspruch i.S.d. § 883 I S. 2 BGB ist aber erforderlich, dass die Entstehung des Anspruchs ausschließlich vom Verhalten des demnächst Berechtigten (des Käufers) abhängt. Hier kann jedoch **nur** von einer **Erwerbsaussicht** gesprochen werden und **nicht** von einer **hinreichend festen Grundlage** für die Entstehung des Anspruchs.

K kann deshalb von D **nicht die Zustimmung zur Löschung** des Wegerechts nach § 888 BGB **verlangen.**

2. Eine **Auflassungsvormerkung** kann nur bewilligt werden, **wenn** der **Erbvertrag** einen **sicherungsfähigen Anspruch** für den S begründen würde. **Vor** dem Eintritt des **Erbfalls** besteht jedoch lediglich eine **Hoffnung** und **kein Anspruch** auf den Erwerb des Grundstücks. Da eine Verfügung über das Grundstück durch den Erblasser vor Eintritt des Erbfalls weiterhin möglich ist (§§ 2286-2288 BGB), besteht **kein rechtlich gesicherter Anspruch**. E kann dem S deshalb **keine Auflassungsvormerkung bewilligen**.

hemmer-Methode: Bei dem Fall 1 handelt es sich um eine examenstypische Konstellation, die Sie unbedingt beherrschen sollten.

Neben dem Vorhandensein eines Anspruchs setzt das Entstehen der Vormerkung die Bewilligung des Betroffenen und die Eintragung ins Grundbuch voraus. Eine Einigung nach § 873 BGB ist für die Vormerkung deshalb nicht notwendig. Erklärt der Betroffene die Bewilligung nicht freiwillig, so kann diese durch eine einstweilige Verfügung ersetzt werden.

Was ist im Zusammenhang mit der Bewilligung bzw. der einstweiligen Verfügung zu beachten?

Welche Wirkung hat die Eintragung?

1. Die **Bewilligung** ist eine **einseitige, empfangsbedürftige Willenserklärung.** Sie muss gegenüber dem Vormerkungsberechtigten oder dem Grundbuchamt abgegeben werden. Von der Bewilligung nach § 885 I BGB ist die **grundbuchrechtliche Bewilligung** nach § 19 GBO zu unterscheiden. Nur **diese** muss gem. § 29 GBO **durch öffentliche oder öffentlich beglaubigte Urkunden nachgewiesen** werden. In der Praxis fallen beide Bewilligungen meist zusammen. Die Bewilligungen müssen von demjenigen erklärt werden, dessen dingliches Recht von der Vormerkung betroffen wird.

> Probleme wirft folgender Fall auf: *Nur ein Ehegatte bewilligt eine Vormerkung hinsichtlich Grundstück, welches nahezu sein gesamtes Vermögen darstellt. Es stellt sich dann die Frage, ob die Zustimmung des anderen Ehegatten nach § 1365 BGB erforderlich ist.* Dies wird von der h.M. allerdings verneint (a.A. Palandt, § 1365, Rn.6 m.w.N.).

Nach § 885 I BGB kann die **Bewilligung** auch **durch eine einstweilige Verfügung** (§ 935 ZPO) **ersetzt** werden. Hier ist jedoch nur erforderlich, dass der Vormerkungsberechtigte seinen **zu sichernden Anspruch glaubhaft** macht; nicht erforderlich ist dagegen, dass er die Gefährdung seines Anspruchs glaubhaft macht (§ 885 I S. 2 BGB). Eine solche Gefährdung ergibt sich schon daraus, dass jederzeit weitere Verfügungen über das betroffene dingliche Recht vorgenommen werden könnten. Im Falle einer **einstweiligen Verfügung** darf nach h.M. der **zu sichernde Anspruch** (§ 883 BGB) **kein künftiger** sein. Grund dafür ist, dass *zur Erwirkung einer einstweiligen Verfügung alsbald die Hauptsache anhängig* gemacht werden muss (§ 926 ZPO).

Die Frage, ob der Erwerber einen **Anspruch** gegen den Veräußerer **auf Bewilligung einer Vormerkung** auch **ohne ausdrückliche vertragliche Vereinbarung** hat, ist **umstritten.** Eine **Mindermeinung verneint** dies mit der Begründung, es wäre weder eine gesetzliche noch vertragliche Grundlage vorhanden. Dem setzt die **h.M.** entgegen, dass ein derartiger **Anspruch** durchaus **kraft Gesetzes** entstehe, da nach § 885 I S. 2 BGB eine Eintragung aufgrund einstweiliger Verfügung auch ohne Gefährdung des Anspruchs erfolgen kann. Deshalb sei der **Verkäufer** schon aus **§ 242 BGB verpflichtet**, **alles für** die **Sicherung des Rechtserwerbs Erforderliche** zu tun.

2. Die **Eintragung** wirkt **konstitutiv**. In den *Eintragungsvermerk* sind Gläubiger, Art und Umfang der Leistung aufzunehmen. Nach § 885 II BGB kann auf die Bewilligung oder die einstweilige Verfügung Bezug genommen werden.

hemmer-Methode: Für die Frage, ob sich das Genehmigungserfordernis bei Verfügungsbeschränkungen auf das Entstehen der Vormerkung auswirkt, müssen Sie im Einzelfall prüfen, ob der jeweilige Gesetzeszweck durch die Eintragung einer Vormerkung beeinträchtigt wird.

Für die Entstehung einer Vormerkung ist weiterhin erforderlich, dass der Bewilligende verfügungsbefugter Rechtsinhaber ist. Ist der Rechtsinhaber in seiner Verfügungsbefugnis beschränkt, so tritt an seine Stelle der Verfügungsbefugte kraft Amtes (z.B. Testamentsvollstrecker, Insolvenzverwalter).

Fehlt dem Bewilligenden die Berechtigung und/oder die Verfügungsbefugnis, so stellt sich die Frage, ob ein gutgläubiger Erwerb der Vormerkung möglich ist.

Findet § 878 BGB (analog) für die Vormerkung Anwendung?

Ist ein gutgläubiger Erwerb der Vormerkung über §§ 892, 893 BGB möglich?

I. Wie auch beim Grundstückserwerb muss zunächst erörtert werden, ob die fehlende Verfügungsbefugnis zum Zeitpunkt der Eintragung des dinglichen Rechts durch § 878 BGB überwunden werden kann. Eine direkte Anwendung von § 878 BGB scheitert, da die Vormerkung nicht durch Einigung nach § 873 BGB entsteht. Die ganz **h.M.** wendet aber **§ 878 BGB auf** die **Vormerkung** mit Hinweis auf die vergleichbare Interessenlage **analog** an. Sie dient gerade der Sicherung des Erwerbsanspruchs. Wird der **bewilligende Rechtsinhaber nach** der **Stellung des Antrags auf Eintragung einer Vormerkung in seiner Verfügungsbefugnis beschränkt** (z.B. durch Eröffnung des Insolvenzverfahrens), so **hindert** dies die **Entstehung der Vormerkung nicht**.

II. Die **Bewilligung einer Vormerkung** durch den Veräußerer stellt **nach h.M.** eine **Belastung des Rechts** und deshalb eine **Verfügung i.S.d. § 893 2.Alt. BGB** dar. Demnach kann gem. § 892 BGB entsprechend eine *Vormerkung zur Entstehung gelangen,* wenn der *Erwerber an die Berechtigung des Veräußerers glaubt*. **Wegen** der **strengen Akzessorietät der Vormerkung** wird nach § 892 BGB entsprechend **nur** der **gute Glaube an die Berechtigung des Bewilligenden** und nicht etwa an das Bestehen des Anspruchs **geschützt**.
Die Frage, ob sich der **gutgläubige Erwerb der Vormerkung** auch noch **auf** den **gutgläubigen Erwerb des dinglichen Rechts** selbst **auswirkt**, ist **umstritten**. Eine **Mindermeinung** ("kleine Lösung") verlangt, dass die **Gutgläubigkeit** noch zum Zeitpunkt des **Antrags auf Eintragung des dinglichen Rechts vorliegt**. Wird der Erwerber zwischen Antragstellung auf Eintragung der Vormerkung und Antragstellung auf Eintragung seines endgültigen Rechts bösgläubig, so kann kein gutgläubiger Erwerb stattfinden. Nach der **h.M.** ("große Lösung") ist der **gute Glaube bei Stellung des Antrags auf Eintragung** der Vormerkung **ausreichend**. Begründet wird dies damit, dass nur so ein umfassender Schutz des Erwerbers gewährleistet wird. Weitere *Funktion der Vormerkung* ist also, dass sie den *für die Gutgläubigkeit maßgeblichen Zeitpunkt vorverlagert*. Wurde die Vormerkung allerdings aufgrund einer einstweiligen Verfügung eingetragen, so kann kein gutgläubiger Erwerb stattfinden, weil § 892 BGB nur auf den rechtsgeschäftlichen Erwerb Anwendung findet. Gutgläubiger Erwerb ist dagegen möglich, wenn die Bewilligung der Vormerkung durch ein rechtskräftiges Urteil nach § 894 ZPO fingiert wird. § 898 ZPO verweist für diesen Fall auf die §§ 892, 893 BGB.

hemmer-Methode: Unterscheiden Sie die Frage, ob § 878 BGB für den Erwerb der Vormerkung analog angewendet wird von der Frage, ob die Vormerkung eine Verfügungsbeschränkung im Sinne dieser Norm darstellt. Letzteres wird nach ganz h.M. verneint.

Fall zu § 878 BGB

Am 01.03. verkauft V sein Grundstück an K. Die Auflassung soll erst nach Kaufpreiszahlung erfolgen. Am 14.03. schließlich wird zugunsten des K eine Auflassungsvormerkung in das Grundbuch eingetragen. Erst am 10.05. zahlt K vereinbarungsgemäß den Kaufpreis an V, so dass am 14.05. die Auflassung an K erfolgen kann. Der Antrag auf Eintragung wird am 16.05. gestellt. Die Eintragung des K erfolgt am 30.05., nachdem V am 28.05. in Insolvenz gefallen war.

Variante 1: V fiel bereits am 15.05. in Insolvenz. Ein Insolvenzvermerk wurde gleichzeitig ins Grundbuch eingetragen.

Variante 2: Wie Variante 1, jedoch ist die Insolvenzeröffnung am 03.04. Der Insolvenzverwalter X verkauft am 10.04. das besagte Grundstück an D und lässt es an ihn auf. Bereits am 20.04. wird D als Eigentümer eingetragen.

Wer ist Eigentümer des Grundstücks geworden?

Welche Rechte hat K in der Variante 2?

Ausgangsfall:

Fraglich ist, ob die Verfügungsbeschränkung durch Eröffnung des Insolvenzverfahrens des V Auswirkungen auf den Eigentumserwerb des K hat. Im vorliegenden Fall erging die *Verfügungsbeschränkung* allerdings *zu* einem *Zeitpunkt, als* die *Auflassung* nach § 873 II BGB *bereits bindend* geworden war, weil der Antrag auf Eintragung schon gestellt war.

Für den **Eigentumserwerb des K** ist daher die **Beschränkung in der Verfügungsmacht unbeachtlich, § 878 BGB**.

Variante 1:

Hier greift § 878 BGB nicht direkt, da der Antrag auf Eintragung als Eigentümer am 15.05., als V in Insolvenz fiel, noch nicht gestellt war. Wegen der Eintragung des Insolvenzvermerks scheidet auch ein gutgläubiger Erwerb des Eigentums nach § 892 BGB aus. Allerdings wurde der *Insolvenzvermerk erst nach Bewilligung und Eintragung der Vormerkung eingetragen*. Die analoge Anwendung des § 878 BGB führt dann dazu, dass *weder der Erwerb der Vormerkung noch der Erwerb des Eigentums gehindert* wird. **Nach § 106 InsO kann K** deshalb die **Auflassung vom Insolvenzverwalter bzw. dessen Zustimmung verlangen**.

Variante 2:

In dieser Konstellation ist allerdings **D Eigentümer des Grundstücks** geworden: Die Vormerkung steht einer Verfügung durch den Insolvenzverwalter X nicht entgegen. Eine Grundbuchsperre bewirkt die Vormerkung nicht. Die *Auflassung* an K durch V bzw. X wurde allerdings *durch* diese *Verfügung nicht unmöglich,* da die Verfügung nach § 883 II S. 2 BGB dem *K gegenüber relativ unwirksam* ist. **K kann** deshalb **von X bzw. V** immer noch **Auflassung** gem. § 433 I BGB **verlangen**. **Gegenüber D** hat er den **Anspruch auf Zustimmung zur Eintragung** nach § 888 BGB.

hemmer-Methode: Machen Sie sich noch einmal klar: Nach allgemeiner Ansicht findet § 878 BGB nur dann auf die Vormerkung entsprechende Anwendung, wenn die Vormerkung bewilligt und der Antrag auf Eintragung der Vormerkung beim Grundbuchamt eingegangen ist. Erst dann kann nämlich von einer vergleichbaren Interessenlage gesprochen werden, die eine Analogie rechtfertigen kann.

Der vermeintliche Eigentümer B veräußert formgültig dem gutgläubigen K ein Grundstück und bewilligt ihm gleichzeitig eine Vormerkung. Erst nach Eintragung der Vormerkung stellt sich heraus, dass tatsächlicher Eigentümer des Grundstücks E ist. Im Wege des Grundbuchberichtigungsanspruchs wird E mit Zustimmung des B als Eigentümer ins Grundbuch eingetragen.

Variante: B ist zwar Berechtigter, war jedoch beim Abschluss des Kaufvertrags nicht geschäftsfähig.

Ist der Anspruch des K auf Übereignung aus dem Kaufvertrag gegenüber B jeweils noch durchsetzbar?

Ausgangsfall:

K hat einen Anspruch gegenüber B auf Auflassung nach § 433 I BGB. Im vorliegenden Fall konnte *K* seine *Vormerkung gutgläubig* nach §§ 892, 893 BGB *erwerben.* Die inzwischen vorgenommene *Eintragung des E* im Wege der Grundbuchberichtigung stellt zwar keine Verfügung über das Grundstück dar, ist aber analog § 883 II BGB *gegenüber K unwirksam.* Die Analogie ist nach Sinn und Zweck des § 883 II BGB geboten, da es für den geschützten K keinen Unterschied machen kann, ob die Eintragung konstitutiven oder nur berichtigenden Charakter hat.

B ist deshalb noch in der Lage, das Eigentum zu verschaffen. Der **Anspruch des K auf Auflassung** aus dem Kaufvertrag ist daher für B noch **erfüllbar**. Gegenüber E hat K den **Anspruch auf Zustimmung zur Eintragung** aus § 888 BGB.

Variante:

In dieser Konstellation ist bereits der *Kaufvertrag mangels Geschäftsfähigkeit des B* nach § 105 I BGB *nicht zustande gekommen.* Deshalb hat **K** auch **keinen Anspruch auf Übereignung aus** einem **Kaufvertrag** gem. § 433 I BGB, **der durch** eine **Auflassungsvormerkung** nach § 883 I S. 1 BGB hätte **gesichert werden können**.

hemmer-Methode: Machen Sie sich bereits an dieser Stelle Folgendes klar: Zur Herbeiführung der dinglichen Rechtsänderung ist nur der Schuldner des gesicherten Anspruchs, also der unmittelbare Vertragspartner, verpflichtet. Wenn die Vormerkung einen schuldrechtlichen Anspruch auf Auflassung sichert, geht der Vormerkungsberechtigte immer gegen seinen Vertragspartner aus dem Kaufvertrag nach § 433 I S. 1 BGB vor. Hat der Schuldner vormerkungswidrig nach Entstehung der Vormerkung das Grundstück an einen Dritten übertragen, so ist es ihm immer noch möglich, dem Vormerkungsberechtigten das Eigentum zu verschaffen. Die Übertragung an einen Dritten ist zwar wirksam, weil die Vormerkung keine Grundbuchsperre bewirkt, allerdings sind vormerkungswidrig vorgenommene Verfügungen gegenüber dem Vormerkungsberechtigten unwirksam (sog. relative Unwirksamkeit).

Allerdings wird das Grundbuchamt die Eintragung des Vormerkungsberechtigten als Eigentümer nicht aufgrund der Bewilligung des Schuldners ausführen: Nach dem Grundsatz der Voreintragung muss die Bewilligung von dem Eingetragenen ausgehen. Deshalb gibt § 888 BGB dem Vormerkungsberechtigten gegenüber dem Dritten einen Anspruch auf die nach § 19 GBO erforderliche Zustimmung zur Eintragung.

Übertragung und Erlöschen der Vormerkung

Der Grundsatz der Akzessorietät wirkt sich nicht nur bei der Entstehung der Vormerkung, sondern auch bei deren Übertragung und Erlöschen aus:

Da die Vormerkung vom Bestehen des zu sichernden Anspruchs abhängt, ist sie nicht losgelöst von diesem übertragbar. Wird der Anspruch nach § 398 BGB abgetreten, so geht die Vormerkung nach § 401 BGB analog auf den Abtretungsempfänger über.

Mit Erlöschen des gesicherten Anspruchs (z.B. durch Erfüllung) geht auch die Vormerkung unter. Außerdem werden die §§ 875, 876 BGB auf die Vormerkung analog angewendet, so dass sie durch Erklärung des aus ihr Berechtigten aufgehoben werden kann.

Kann eine Vormerkung bei Abtretung auch gutgläubig erworben werden?

Bei einem **gutgläubigen Zweiterwerb** sind **zwei Fragestellungen** zu unterscheiden:

1. Der gesicherte und abzutretende Anspruch besteht nicht:

Fehlt der eingetragenen Vormerkung ein *zu sichernder Anspruch*, dann ist wegen der strengen Akzessorietät die *Vormerkung ohne Bedeutung*. Ein Dritter kann eine solche Vormerkung nicht kraft guten Glaubens erwerben, da das Grundbuch nicht die Gutgläubigkeit im Hinblick auf das Bestehen einer Forderung schützt. Existiert ein abzutretender Anspruch nicht, so kann auch keiner abgetreten werden; dann kann auch die vermeintliche Vormerkung nicht mit übergehen. In dieser Fallkonstellation **scheidet** unstreitig ein **gutgläubiger Zweiterwerb aus**.

2. Die Vormerkung ist trotz Bestehens des Anspruchs nicht zur Entstehung gelangt:

Dagegen ist die Frage, ob ein **gutgläubiger Zweiterwerb** einer eingetragenen, aber nicht wirksam entstandenen Vormerkung möglich ist, **umstritten**.

Die **h.L. verneint** mit verschiedenen Begründungsansätzen einen solchen **gutgläubigen Zweiterwerb**. Dabei wird zum Teil auf das Nichtvorliegen eines rechtsgeschäftlichen Erwerbs abgestellt, da die Vormerkung nach § 401 BGB analog kraft Gesetzes übergeht und damit §§ 893, 892 BGB keine Anwendung finden können. Eine **andere Ansicht lehnt** bereits das **Bedürfnis für** die Möglichkeit eines **gutgläubigen Erwerbs ab**. Eine Verkehrsfähigkeit – wie sie bei der Hypothek notwendig ist – verlangt der Zweck der Vormerkung nicht; diese stellt nur ein vorläufiges Sicherungsmittel dar.

Demgegenüber lässt der **BGH** einen **gutgläubigen Zweiterwerb** zu, wenn der im Grundbuch Eingetragene dem bösgläubigen Ersterwerber eine **Vormerkung bewilligt** hat und dieser den **zu sichernden Anspruch mit der** (nicht bestehenden) **Vormerkung an einen gutgläubigen Zweiterwerber abtritt**. Auch nach dem BGH *scheidet* ein gutgläubiger Zweiterwerb *aus*, wenn es bereits an einer *wirksamen Bewilligung fehlt*. Zur Begründung führt der BGH an, dass der Übergang der Vormerkung (nach § 401 BGB analog) auf der Abtretung als einem Rechtsgeschäft beruht. Dieser Fall ist vergleichbar mit dem gutgläubigen Erwerb einer Hypothek, der allgemein anerkannt ist.

hemmer-Methode: Merken Sie sich, dass die Eintragung bei Abtretung – anders als bei der Entstehung der Vormerkung – nicht konstitutiv wirkt. Der Abtretungsempfänger kann sich nur im Rahmen einer Grundbuchberichtigung nach § 894 BGB eintragen lassen. Auch ist die Abtretung des gesicherten Anspruchs formlos möglich. Vergessen Sie in diesem Zusammenhang auch nicht, dass bei einer versehentlichen Löschung der Vormerkung im Grundbuch diese nicht erlischt.

1. V verkauft sein Grundstück an K und bewilligt ihm eine Vormerkung. Bei Abschluss des Kaufvertrages ist V nicht geschäftsfähig, was dem K bekannt ist. K tritt nun seinen Anspruch aus dem Kaufvertrag an den gutgläubigen X ab.
2. Der vermeintliche Eigentümer B verkauft dem bösgläubigen K ein Grundstück des E und bewilligt K eine Vormerkung. K tritt seinen Anspruch aus dem Kaufvertrag an den gutgläubigen D ab. E wird nun mit Zustimmung des B wieder als Eigentümer eingetragen.

1. Hat X die Vormerkung erworben?

2. Welche Rechte hat D nach Zahlung des Kaufpreises?

Fall 1:

Die **Geschäftsunfähigkeit des V** (§ 105 I BGB) hindert das Zustandekommen eines wirksamen Kaufvertrages. Aufgrund dessen ist auch **kein wirksamer Anspruch auf Übereignung** entstanden. Da also **kein zu sichernder Anspruch** vorhanden war, konnte K die **Auflassungsvormerkung nicht erwerben;** auch ein gutgläubiger Erwerb ist in einem solchen Fall nicht möglich.

Die **Abtretung** des K an X kann daher **nur** diese **nicht entstandene Forderung betreffen.** X hätte sie deshalb **nur gutgläubig erwerben** können. Ein **gutgläubiger Forderungserwerb** ist mit Ausnahme des § 405 BGB **nicht möglich.** Somit konnte X ungeachtet seiner Gutgläubigkeit auch keine Forderung erwerben. Mangels zu sichernder Forderung scheidet ebenfalls ein Erwerb der Auflassungsvormerkung aus.

Fall 2:

Aufgrund seiner **Bösgläubigkeit** hat **K keine Auflassungsvormerkung vom Nichtberechtigten B erworben.**

Problematisch ist somit, ob **nach K ein gutgläubiger Zweiterwerb** in Betracht kommen kann. Der **BGH** wendet im vorliegenden Fall die **§§ 892, 893 BGB** an, womit **D** die **Vormerkung gutgläubig erworben** hat. Deshalb kann er von **E** nach § 888 BGB die **Zustimmung zu seiner Eintragung als Eigentümer ins Grundbuch verlangen.** Weiterhin hat **D gegen B** einen **Anspruch auf Auflassung aus dem Kaufvertrag** (§ 433 I S. 1 BGB).

Die **h.L.** dagegen **verneint** mit unterschiedlichen Begründungsansätzen (vgl. Karte 32) die **Möglichkeit eines gutgläubigen Zweiterwerbs.** Danach hätte D im vorliegenden Fall keine Vormerkung erworben.

hemmer-Methode: Geben Sie in Ihrer Lösung zu erkennen, dass Sie den Unterschied der beiden Fallkonstellationen erfasst haben: Klären Sie deshalb immer zunächst, ob der gesicherte Anspruch oder die Vormerkung nicht entstanden ist. Ist der gesicherte Anspruch nicht entstanden, können Sie mit dem erlernten Handwerkszeug zur Vormerkung die Lösung logisch herleiten.

Ist jedoch der Anspruch wirksam entstanden, aber die Vormerkung nicht wirksam bestellt, müssen Sie den Meinungsstreit ausbreiten!

Die Vormerkung wird bei der Anwendung der §§ 823 I, 1004 BGB als Recht mit absoluter Wirkung dem Eigentum gleichgestellt. Daher hat der Vormerkungsberechtigte gegen Beeinträchtigungen und Verschlechterungen des Grundstücks seitens des vormerkungswidrig Eingetragenen einen Beseitigungs- und Unterlassungsanspruch. Sichert die Vormerkung jedoch nur einen bedingten oder künftigen Anspruch, muss davon eine Ausnahme gemacht werden, da dem Eigentümer die Verwertung seines Grundstücks nicht verboten werden darf.

Die Wirkungen der Vormerkung schützen den Berechtigten aber auch noch in anderer Weise.

Nennen und erläutern Sie die Wirkungen der Vormerkung.

I. Sicherungswirkung:

Als wichtigste Wirkung der Vormerkung bestimmt § 883 II S. 1 BGB, dass **Verfügungen relativ unwirksam** sind, wenn sie die **Erfüllung des gesicherten Anspruchs vereiteln oder beeinträchtigen** würden. Daher handelt es sich bei der Vormerkung um eine **relative Verfügungsbeschränkung.** Da die Vormerkung damit **keine Grundbuchsperre** auslöst, kann trotz bestehender Auflassungsvormerkung ein Dritter Eigentum am Grundstück erwerben. Dieser Erwerb ist nur gegenüber dem Vormerkungsberechtigten unwirksam. In einem solchen Fall scheidet der Grundbuchberichtigungsanspruch aus § 894 BGB aus, weil der Vormerkungsberechtigte noch kein Recht am Grundstück hat. Die Realisierung des durch die Vormerkung gesicherten Rechts erfolgt über § 888 I BGB. Danach kann der Vormerkungsberechtigte von dem Dritten die Zustimmung zu seiner Eintragung nach § 19 GBO verlangen. Die **Sicherungswirkung beginnt mit** der **Eintragung der Vormerkung ins Grundbuch,** wenn die Forderung (auch als bedingte oder künftige) besteht. Allerdings **schützt** die Vormerkung **nur vor Verfügungen** (nach h.M. auch die Eintragung eines Widerspruchs). **Streitig** ist allerdings, ob **für Vermietungen/Verpachtungen § 883 II BGB analoge** Anwendung findet. Der **BGH verneint** dies, da der **Schutz des Mieters** aus § 566 BGB dem Schutz des Vormerkungsberechtigten **vorgehe;** dieser werde durch den Vertrag bloß schuldrechtlich gebunden, was aber seinen Eigentumserwerb nicht verhindere. Die **Literatur** wendet demgegenüber ein, dass die **Stellung des Mieters** über § 566 BGB **unbilligerweise besser** wäre **als** die **des dinglichen Wohnrechtsinhabers** nach § 1093 BGB.
Die **relative Unwirksamkeit der Verfügung reicht** allerdings **nur soweit, wie** dies **zur Sicherung des Anspruchs erforderlich** ist. Deshalb beeinträchtigt eine Veräußerung die Vormerkung nicht, wenn diese nur einen Anspruch auf Grundbuchbestellung sichern soll.

II. Rangwirkung:

Das durch die Vormerkung **gesicherte Recht erhält** nach § 883 III BGB den **Rang der Vormerkung.**

III. Vollwirkung:

Weiterhin zeigen sich für die Vormerkung bereits die Wirkungen des künftigen Rechts, wenn z.B. in der Insolvenz oder in der Zwangsversteigerung die Vormerkung so behandelt wird, als bestünde das gesicherte Recht schon. Nach § 106 InsO kann der Vormerkungsberechtigte auch die Auflassung des Grundstücks verlangen.

Bevor Frau V verstarb, hatte sie dem K mit notariellem Kaufvertrag eine Auflassungsvormerkung bewilligt. Frau V war dabei durch einen Erbschein als Erbin des X ausgewiesen, der nach wie vor als Eigentümer im Grundbuch eingetragen ist. Nachdem die Auflassungsvormerkung zugunsten des K im Grundbuch eingetragen war, stellt sich jedoch heraus, dass tatsächlich der E Erbe des X und damit Eigentümer des Grundstücks ist. Als solcher wurde er schließlich auch im Grundbuch eingetragen. Frau V wurde bei ihrem Tod von K beerbt.

Kann der vormerkungsberechtigte K von E die Zustimmung zu seiner Eintragung verlangen?

I. Anspruch aus § 894 BGB:

Dieser Anspruch **entfällt**, **wenn E Eigentum am Grundstück** erlangt hat. Da **E Erbe** nach § 1922 BGB wurde, ist er auch **Eigentümer des Grundstücks** geworden. Frau V war lediglich Scheinerbin, §§ 2365 ff. BGB. Sie hätte zwar legitimiert durch den Erbschein dem K Eigentum verschaffen können. Da sie auch zusätzlich noch im Grundbuch eingetragen war, wäre der Erwerb nach § 892 BGB wirksam gewesen. Da aber die **Eintragung des K nicht erfolgte**, hat **K** auch **noch kein Eigentum erlangt**. Ein **Anspruch aus § 894 BGB** ist damit **nicht gegeben**.

II. Anspruch aus § 888 BGB:

Gem. § 888 BGB kann der Vormerkungsberechtigte die **Zustimmung zu** seiner **Eintragung von demjenigen verlangen**, **der aufgrund vormerkungswidriger** und somit **relativ unwirksamer Verfügung eingetragen** ist, § 883 II BGB. **E** hat das **Eigentum** jedoch **durch Gesamtrechtsnachfolge** und **nicht durch eine Verfügung erworben**, womit eine **direkte** Anwendung des **§ 888 BGB ausscheidet**.

Es kommt eine **analoge Anwendung** von § 888 BGB in Betracht. **Voraussetzung** ist jedoch, dass **K** eine **Vormerkung erlangt** hat und diese dem E gegenüber durchsetzbar ist: Ein gutgläubiger Erwerb gem. §§ 893 Alt.2, 892 BGB scheitert an der fehlenden Voreintragung der V. Die **h.M. bejaht** einen **gutgläubigen Erwerb der Vormerkung vom Scheinerben über § 2367 2. Alt. BGB**, da die Bewilligung einer Vormerkung eine Verfügung darstellt. Somit hat **K gutgläubig die Vormerkung erworben**. Im **Verhältnis zum Eigentümer** wird die Ansicht vertreten, dass dieser **analog § 888 BGB in Anspruch genommen** werden kann. Nur so könne ein umfassender Schutz des Vormerkungsberechtigten verwirklicht werden (bei nur berichtigender Eintragung, vgl. KK 31). Problematisch ist jedoch, dass die **Vormerkung untergegangen sein könnte.** Da diese streng akzessorisch ist, hängt sie in ihrer Begründung und ihrem Bestand von der zu sichernden Forderung ab. Hier kommt es jedoch zum Zusammenfallen von Gläubiger und Schuldner (Konfusion) in der Person des K, weil K Frau V beerbt hat. Damit ist nicht nur der **Auflassungsanspruch,** sondern auch die **streng akzessorische Vormerkung erloschen**. Damit hat **K** auch **keinen Anspruch gegen E** aus § 888 BGB **auf Zustimmung zur Eintragung.**

hemmer-Methode: Manch ein Leser wird sich vielleicht die Frage stellen, wie es tatsächlich zur Eintragung einer Vormerkung aufgrund einer Bewilligung der V kommen kann, wenn doch noch X im Grundbuch eingetragen ist. Dies beruht auf § 40 GBO, von dessen Einschlägigkeit das Grundbuchamt aufgrund des Erbscheins auch ausgehen darf. Die Norm hat allerdings keine materiell-rechtliche Wirkung, so dass sie insoweit bei der Lösung nicht erwähnt wurde.

Die Hypothek (§§ 1113 ff. BGB) als Sicherungsmittel ist eine dingliche Belastung eines Grundstücks. Sie ermächtigt den Sicherungsnehmer bei Fälligkeit der Forderung, die Verwertung des Grundstücks im Wege der Zwangsvollstreckung zu betreiben. Der persönliche Schuldner und der Sicherungsgeber müssen nicht notwendigerweise ein und dieselbe Person sein; deshalb ist darauf zu achten, dass entsprechende Ansprüche gegen die richtige Person gerichtet werden. Gegen den persönlichen Schuldner kann nur aus der Forderung, gegen den Eigentümer nur aus der Hypothek vorgegangen werden.

Nennen Sie die Voraussetzungen für die Entstehung einer Hypothek.

Welche Anforderungen sind an die Einigung und Eintragung bei der Hypothekenbestellung zu stellen?

I. Voraussetzungen für die **Entstehung** einer Hypothek sind:

- Einigung
- Eintragung
- Briefübergabe bzw. Briefausschluss
- Bestehen einer zu sichernden Forderung
- Berechtigung

Gem. § 873 I BGB setzt das Entstehen einer Hypothek zunächst die **dingliche Einigung** zwischen Sicherungsgeber (Grundstückseigentümer) und Sicherungsnehmer (Gläubiger) voraus. Der **Inhalt** der Einigung bemisst sich nach **§ 1113 BGB.** Die **Einigung** bedarf **keiner Form**; jedoch führt die notarielle Beurkundung dazu, dass die Erklärung des Eigentümers nicht mehr einseitig widerrufen werden kann (§ 873 II BGB). Die **dingliche Einigung** ist in ihrem Bestand und in ihrer Wirkung **unabhängig von** dem der Hypothekenbestellung **zugrunde liegenden Sicherungsvertrag**. Deshalb kann die Hypothek auch wirksam bestellt werden, wenn die Sicherungsabrede unwirksam ist.

II. Des Weiteren muss die **Eintragung der Hypothek ins Grundbuch** erfolgen. Die inhaltlichen Anforderungen an die Eintragung richten sich nach § 1115 BGB. Zur Eintragung verlangt das Grundbuchamt einen Antrag des Eigentümers und/oder des Gläubigers (§ 13 GBO) sowie die Bewilligung des Eigentümers zur Eintragung der Rechtsänderung (§ 19 GBO).

III. Probleme ergeben sich, wenn **sich Einigung und Eintragung nicht decken**: Handelt es sich um eine **qualitative Abweichung**, kann eine **Rechtsänderung nicht** erfolgen (z.B. die Hypothek wird bei einem falschen Grundstück eingetragen). Liegt dagegen eine **quantitative Abweichung** vor, muss unterschieden werden:

- Ist im Grundbuch ein **geringerer Betrag** eingetragen worden als der, auf den sich die Parteien geeinigt haben, so muss der Parteiwille dahingehend *ausgelegt* werden, dass die *Hypothek zumindest mit dem geringeren Betrag zustande gekommen* ist.
- Steht im Grundbuch ein **höherer Betrag** als der, den die Parteien vereinbart haben, so entsteht die *Hypothek nur in Höhe des durch die Einigung vorgegebenen Betrags*. Gleichermaßen kommt auch nur ein bedingtes Recht zustande, wenn fälschlicherweise die Hypothek als unbedingt im Grundbuch eingetragen wurde.

hemmer-Methode: Merken Sie sich in diesem Bereich das Schlagwort des "kongruenten Minus".

Die Hypothek kann auch eine künftige oder bedingte Forderung sichern, § 1113 II BGB. Dazu muss der Rechtsboden für die Forderung, die erst künftig entstehen soll, bei der Bestellung der Hypothek so weit bereitet sein, dass ihre Entstehung nur vom Willen des demnächst Berechtigten abhängt.

Ist die Entstehung der Forderung bedingt, dann entsteht wegen des Grundsatzes der Akzessorietät sowohl bis zum Eintritt einer aufschiebenden Bedingung als auch ab Eintritt der auflösenden Bedingung eine Eigentümergrundschuld.

Was ist im Zusammenhang mit Brief und Briefausschluss zu beachten?

Was besagt der Grundsatz der Akzessorietät?

I. Eine Hypothek kann als Brief- oder Buchrecht entstehen: In § 1116 I BGB normiert der Gesetzgeber als Regelfall die **Briefhypothek**. Weitere **Voraussetzung** für die Entstehung der Hypothek ist dann die **Übergabe des Briefes**, § 1117 I BGB. *Solange* die Übergabe noch nicht erfolgt ist, steht das Recht gem. §§ 1163 II, 1177 I BGB dem Eigentümer als *Eigentümergrundschuld* zu. Nach § 1117 II BGB **kann** jedoch der **Gläubiger berechtigt werden, sich** den **Brief vom Grundbuchamt aushändigen zu lassen;** in diesem Fall **entsteht** die **Hypothek** bereits **mit** dieser **Vereinbarung** und *nicht erst mit Aushändigung des Briefes.* Maßgeblicher Zeitpunkt für die Begründung des Eigentums an dem Brief durch den Gläubiger (§ 952 II BGB) ist hier dessen Herstellung und nicht seine Aushändigung vom Grundbuchamt an den Gläubiger.

Die **Erteilung eines Hypothekenbriefs kann** aber nach § 1116 II BGB auch **ausgeschlossen** werden. Das Recht entsteht dann schon mit der Eintragung des Ausschlusses.

Problematisch sind die Fälle, wenn **anstelle einer Brief- eine Buchhypothek oder umgekehrt anstelle einer Buch- eine Briefhypothek eingetragen** wird: Da das Buchrecht ein Mehr gegenüber dem Briefrecht darstellt, kommt das Buchrecht nur zustande, wenn sich die Parteien über den Briefausschluss geeinigt haben und dieser auch im Grundbuch eingetragen wird. So entsteht also eine Briefhypothek sowohl in dem Fall, in dem eine Brief- vereinbart und eine Buchhypothek eingetragen wurde, wie auch in dem Fall, in welchem ein Briefausschluss vereinbart, trotzdem aber eine Briefhypothek eingetragen wurde (kongruentes Minus).

II. Wie auch die Bürgschaft ist die Hypothek in ihrem Bestand und in ihrer Entstehung von der Existenz einer zu sichernden Forderung abhängig. Dieser **Grundsatz der Akzessorietät** wird nur durch §§ 1138, 1156 BGB **wegen** der **Umlauffähigkeit** der Hypothek **durchbrochen,** wenn die **Verkehrshypothek übertragen** werden soll.

Fehlt die **zu sichernde Forderung**, so entsteht eine **Eigentümergrundschuld** (§§ 1163 I, 1177 I BGB), die ein **nicht-akzessorisches Sicherungsmittel** darstellt. Fraglich ist allenfalls, ob die Hypothek einen Bereicherungsanspruch sichern kann, der dann die zu sichernde Forderung darstellen würde. Eine so weite Auslegung wird aber nur in dem Fall vorgenommen, wenn der Sicherungsgeber die Nichtigkeit des Grundgeschäfts kannte oder mit ihr gerechnet hat.

Durch dinglichen Vertrag und **Eintragung** im Grundbuch ist die **gesicherte Forderung auswechselbar**, § 1180 BGB.

hemmer-Methode: Beachten Sie, dass die Hypothek auch die vertragsmäßigen Zinsen sichern kann; dazu ist aber ihre Eintragung im Grundbuch erforderlich, §§ 873, 1115 BGB. Die gesetzlichen Zinsen sichert die Hypothek nach § 1118 BGB.

Einwendungen und Einreden spielen sowohl bei der Hypothek als auch bei der Grundschuld (vgl. KK 75) eine große Rolle. Hier muss differenziert werden, ob die Einwendungen/Einreden sich auf die Forderung oder die Hypothek beziehen.

Stellen Sie die Einwendungen/Einreden

1. **des persönlichen Schuldners und**
2. **des Eigentümers dar!**

I. Einwendungen/Einreden des persönlichen Schuldners:

Dem persönlichen Schuldner stehen nach allgemeinen schuldrechtlichen Grundsätzen gegenüber dem Gläubiger **alle rechtshindernden und rechtsvernichtenden Einwendungen und Einreden** in Bezug auf die Forderung zu.

II. Einwendungen/Einreden des Eigentümers:

Hier ist zwischen Einreden bezüglich der Forderung und Einreden bezüglich der Hypothek zu unterscheiden:

1. Pfandrechtsbezogene Einwendungen/Einreden:

Dem Eigentümer stehen selbstverständlich **alle Einwendungen** (z. B. Unwirksamkeit der Bestellung) **und Einreden aus dem persönlichen Rechtsverhältnis zum Gläubiger** (z.B. Stundung, Zurückbehaltungsrecht) gegenüber der Hypothek zu, *ohne* dass dies einer *besonderen gesetzlichen Regelung* bedurfte. Diese pfandrechtsbezogenen Einreden werden von § 1157 S. 1 BGB quasi vorausgesetzt.

2. Forderungsbezogene Einwendungen/Einreden:

a) Einwendungen *gegen den Bestand der Forderung* begründen *aufgrund der Akzessorietät* der Hypothek zugleich *Einwendungen gegen die Hypothek.*

b) Einreden des persönlichen Schuldners kann der Eigentümer dagegen gem. § 1137 I S. 1 BGB gegen die Hypothek geltend machen.

hemmer-Methode: Klausurrelevant ist insbesondere, was mit den verschiedenen Einwendungen/Einreden im Falle der Abtretung geschieht (vgl. KK 57). Aus diesem Grund ist es auch wichtig, die Einordnung der Gegenrechte exakt vorzunehmen!

Fall zur Zwischenfinanzierung

Solange die Hypothek noch nicht valutiert ist, stellt sich für den Schuldner die Frage, ob er die bis dahin nach §§ 1163 I S. 1, 1177 BGB bestehende Eigentümergrundschuld zur Sicherung einer Zwischenfinanzierung nutzen kann.

Fall: Der SG will sein Grundstück mit einem Haus bebauen und nimmt bei der Bank G ein Darlehen auf. Für dieses wird an dem Grundstück eine Briefhypothek bestellt. Die G möchte das Darlehen jedoch erst dann auszahlen, wenn der Rohbau fertiggestellt und damit der Wert des Grundstücks erhöht wurde.

Was kann SG tun, um zur Erstellung des Rohbaus sofort an Geld zu kommen?

Für SG besteht die Möglichkeit, einen **Zwischenkredit bei einer Zwischenfinanzierungsbank** Z aufzunehmen. Diesen Kredit kann er **durch** eine **Abtretung der vorläufigen**, bis zur Auszahlung der Darlehenssumme bestehenden **Eigentümergrundschuld** an Z **sichern.** Die Abtretung erfolgt dabei *durch* eine *schriftliche Abtretungserklärung* (§ 1154 BGB) und *Übergabe des Briefes.*

Allerdings ist es nach h.M. **nicht möglich,** eine **Zwischenfinanzierung durch Abtretung einer bisher noch nicht valutierten *Buch*hypothek zu sichern:** Die Übertragung eines solchen Rechts auf Z *würde* eine *Grundbucheintragung erfordern* (§§ 1154 III, 873 I BGB). Zu dieser Eintragung ist jedoch wegen des Voreintragungsgrundsatzes nach § 19 GBO die *Bewilligung der G Voraussetzung.*
Eine Bewilligung der G als Voreingetragene ist nicht erforderlich, wenn SG sich eintragen lassen könnte und er dann der Z die eingetragene Eigentümergrundschuld abtreten könnte. Zwar ist das Grundbuch vor Valutierung bei Eintragung einer Briefhypothek objektiv unrichtig, allerdings ist der Grundbuchberichtigungsanspruch nach § 894 BGB regelmäßig durch den Kreditvertrag mit G ausgeschlossen.

Eine **zusätzliche Absicherung** des Zwischenfinanzierers erfolgt auch noch **durch Abtretung des Darlehensauszahlungsanspruchs des SG gegen die G** in der Höhe des Zwischenkredits. Z wird dadurch befriedigt, indem die G nach Fertigstellung des Rohbaus der Z die *Darlehenssumme* in der abgetretenen Höhe *auszahlt.* Damit *entsteht* gleichzeitig auch der *Darlehensrückzahlungsanspruch* der G gegen den SG und die vorläufige Eigentümergrundschuld wandelt sich in eine nunmehr dem G zustehende *Verkehrshypothek.*

Erfolgt eine *Valutierung* durch die G *nicht*, so wandelt sich die vorläufige Eigentümergrundschuld in eine *Sicherungsgrundschuld* für den Zwischenkredit zugunsten der Z um. Auf diese Weise wird die vollständige Absicherung der Zwischenkreditbank gewährleistet.

hemmer-Methode: Suchen Sie immer ein interessengerechtes Ergebnis auch für den Zwischenfinanzierer: Nur durch die Wandelung der vorläufigen Eigentümergrundschuld in eine Sicherungsgrundschuld bei Nichtauszahlung des Darlehens ist es ihm möglich, die Duldung der Zwangsvollstreckung nach § 1147 BGB fordern zu können.

Für den Gläubiger (Hypothekar) kann es von Interesse sein, „die Hypothek an einen Dritten abzutreten“. Da der Gläubiger aber über das Grundpfandrecht nicht getrennt von der Forderung verfügen kann, muss diese Formulierung so verstanden werden, dass die hypothekarisch gesicherte Forderung abgetreten werden soll (§ 398 S. 1 BGB). Nach §§ 1153 I, 401 I BGB geht dann auch die Hypothek auf den Zessionar über.

Wie vollzieht sich die Übertragung einer hypothekarisch gesicherten Forderung?

Kann die Hypothek belastet werden?

I. Übertragung der Forderung bei der Briefhypothek:

Die Abtretung der hypothekarisch gesicherten Forderung vollzieht sich nach §§ 1154, 398 S.1 BGB. Danach ist eine **Einigung über den Forderungsübergang** und die **Übergabe des Hypothekenbriefes** erforderlich. Wird die *Abtretung in das Grundbuch eingetragen*, so *bedarf* diese *Einigung nicht der schriftlichen Form* (§ 1154 II BGB); wird die *Abtretung nicht eingetragen*, so muss die *Abtretungserklärung* des Zedenten (nicht des Zessionars!) *in schriftlicher Form* erfolgen (§ 1154 I S. 1 BGB). Da manche Schutzvorschriften zugunsten des **Zessionars** (z.B. §§ 1155, 1160 I 2.HS, 1161 BGB) nur im Falle einer öffentlichen Beglaubigung anwendbar sind, hat er nach § 1154 I S. 2 BGB einen **Anspruch auf öffentliche Beglaubigung.** Die **Übergabe des Briefes kann** gem. §§ 1154 I S. 1 2.HS, 1117 BGB **durch Übergabesurrogate ersetzt** werden. **Mit** dieser **Übertragung der gesicherten Forderung geht die Hypothek automatisch mit über** (§§ 1153 I, 401 I BGB).

II. Übertragung der Forderung bei der Buchhypothek:

Ist die Erteilung des Hypothekenbriefes ausgeschlossen, so erfolgt die Abtretung der hypothekarisch gesicherten Forderung durch **Einigung** und **Eintragung**, §§ 1154 III, 873, 878 BGB. **Soll die Einigung den Zedenten binden**, muss diese **notariell beurkundet** werden, § 873 II BGB.

III. Belastung der Hypothek:

Regelmäßig wird von der Belastung der Hypothek mit einem Pfandrecht oder einem Nießbrauch gesprochen. Diese Terminologie ist jedoch irreführend. Aus Akzessoritätsgründen kann damit **nur** die **Belastung der hypothekarisch gesicherten Forderung** gemeint sein. Die **Verpfändung** der Forderung (und damit auch der Hypothek) vollzieht sich nach §§ 1274 I, 1153, 1154 BGB; die **Bestellung des Nießbrauchs** nach §§ 1069 I, 1153, 1154 BGB.

hemmer-Methode: Vergessen Sie nicht, dass in diesem Zusammenhang ein Unterschied zur "Belastung der Grundschuld" besteht. Da sie zur Forderung nicht akzessorisch ist, kann die Grundschuld selbständig verpfändet oder mit einem Nießbrauch belastet werden. Zusätzlich kann auch die oftmals der Grundschuld zugrunde liegende Forderung verpfändet werden. Grundschuld und gesicherte Forderung können also verschiedene Wege gehen.

Verpfändung einer Hypothek

Lösen Sie zur "Verpfändung einer Hypothek" folgenden Fall:

Der Sicherungsgeber SG hat eine Kaufpreisforderung gegen den Drittschuldner D, die durch eine Briefhypothek am Grundstück des D gesichert ist. Nun tritt der Schwager S des SG an ihn heran, der bei dem Gläubiger G ein Darlehen aufnehmen will und dafür eine Sicherheit benötigt.

1. **Kann SG dem G (Sicherungsnehmer) die Kaufpreisforderung, die durch Hypothek gesichert ist, verpfänden und wie erfolgt die Verpfändung?**
2. **Wem gegenüber ist der D zur Zahlung verpflichtet?**

1. Als **streng akzessorisches Sicherungsmittel** kann die Hypothek **nicht getrennt** von der gesicherten Forderung übertragen werden, vgl. § 1153 II BGB. Wenn daher von der "Verpfändung der Hypothek" gesprochen wird, meint man damit, dass **Hypothek und Forderung verpfändet** werden müssen. Dabei ist allerdings **nur** die **Verpfändung der hypothekarisch gesicherten Forderung notwendig**; die *Hypothek läuft* dann *automatisch mit.*

Die **Verpfändung** der hypothekarisch gesicherten Forderung richtet sich *nach den für die Übertragung der Forderung geltenden Vorschriften* (§§ 1274 I, 1153 BGB). Somit sind nach § 1154 BGB die **schriftliche Verpfändungserklärung** sowie die **Übergabe des Hypothekenbriefes** erforderlich. Nach § 1153 I BGB **folgt** die **Hypothek der verpfändeten Forderung kraft Gesetzes.** Eine gesonderte Übertragung ist nicht mehr erforderlich.

Eine Anzeige der Verpfändung des SG an den D ist nach § 1280 BGB nicht notwendig: Zwar hatte der SG eine Forderung gegen den D verpfändet. Allerdings war zu deren Übertragung gerade nicht ein Abtretungsvertrag ausreichend, sondern zusätzlich musste noch der Brief übergeben werden (lesen Sie § 1280 BGB).

Damit war die **Verpfändung** auch **ohne Kenntnis des D wirksam** (§ 1274 I BGB).

2. Wem gegenüber der D zur Zahlung verpflichtet ist, hängt von der Frage ab, ob die gesicherte Forderung des G gegen S fällig ist oder nicht: Ist **Fälligkeit der gesicherten Forderung** noch **nicht eingetreten,** kann D **nur an den SG und G gemeinsam mit Erfüllungswirkung zahlen** (§ 1281 BGB). Ist die **gesicherte Forderung** dagegen **fällig** und besteht eine Berechtigung des G zur Pfandverwertung, kann D **nur** noch **an G mit befreiender Wirkung zahlen** (§ 1282 BGB).

Dieses Ergebnis ist auch billig, weil D wegen der Anzeige nach § 1280 BGB normalerweise weiß, dass die Forderung, die gegen ihn besteht, verpfändet wurde. Weiterhin kann ihm gleichgültig sein, ob er seine Schuld lediglich durch die Zahlung an SG oder G oder an beide gemeinsam abträgt.

Wenn dagegen die *Verpfändung ohne Anzeige wirksam* ist, erfolgt der Schutz des D über § 1275 BGB: Diese Norm verweist auf die §§ 404-410 BGB. Kennt D die Verpfändung nicht, *befreit ihn* daher eine *Zahlung an den SG nur nach § 407 I BGB entsprechend.*

hemmer-Methode: Überdenken Sie obigen Fall noch einmal mit der Erweiterung, dass die Hypothek nicht am Grundstück des D, sondern an dem Grundstück eines weiteren Sicherungsgebers bestellt wurde. Hier kann dann der G entscheiden, ob er aus der Forderung gegen den D oder aus der Hypothek gegen den zweiten Sicherungsgeber vorgehen will.

Im Regelfall geht mit der Abtretung der Forderung die Hypothek gem. §§ 1153 I, 401 I BGB automatisch auf den Zessionar über. Dies setzt allerdings voraus, dass sowohl Forderung als auch Hypothek wirksam entstanden sind. Probleme ergeben sich jedoch in drei Fallgruppen: Die Hypothek ist zwar eingetragen, existiert aber nicht; die Forderung ist nicht entstanden; Forderung und Hypothek leiden jeweils an einem Mangel.

Wie wird in diesen drei Fallgruppen der Zessionar geschützt?

I. Die Hypothek ist nicht wirksam zustande gekommen:

Tritt der Gläubiger eine Forderung ab, die nicht wirksam durch eine Hypothek gesichert ist, obwohl die Hypothek im Grundbuch eingetragen wurde, kann der Zessionar unter den Voraussetzungen des § 892 I BGB eine hypothekarisch gesicherte Forderung erwerben. Der **Mangel im dinglichen Recht** wird also **durch** die allgemeinen Vorschriften über den **gutgläubigen Erwerb überwunden.**

Für die **Briefhypothek** erfährt der Schutz des guten Glaubens über §§ 1155, 892 BGB analog eine Erweiterung: Danach kann der Zessionar **gutgläubig erwerben, wenn** der **Zedent seine Berechtigung durch eine auf den letzten Grundbucheintrag zurückgehende Reihe öffentlich beglaubigter Abtretungserklärungen nachweisen kann.** Die dem gutgläubigen Zessionar gegenüber erfolgende Abtretungserklärung muss nicht öffentlich beglaubigt sein. Der *gute Glaube* wird jedoch *zerstört*, wenn sich die *Unrichtigkeit des Grundbuchs aus dem Hypothekenbrief oder einem Vermerk auf dem Brief ergibt.*

II. Die Forderung ist nicht entstanden:

Tritt der Zedent aber eine nicht existente Forderung an einen Dritten ab, so stellt sich aus Gründen der Akzessorietät die Frage, ob der Dritte die Hypothek gutgläubig erwerben kann. In diesem Fall besteht **mangels Forderung keine Hypothek,** und der Zedent kann sie daher nur **als Nichtberechtigter "übertragen".** Dieses Problem löst § 1138 BGB: Danach wird das **Bestehen einer Forderung fingiert,** so dass die **Hypothek mit übergehen kann.** Diese Fiktion reicht allerdings nicht so weit, als dass auch noch aus der (tatsächlich fehlenden) Forderung gegen den vermeintlichen Schuldner vorgegangen werden kann. Vielmehr besteht **für** den **Zessionar nur** die **Möglichkeit, seine Ansprüche aus der Hypothek gegen den Eigentümer geltend zu machen** (§ 1147 BGB).

III. Forderung und Hypothek leiden an einem Mangel:

Liegt allerdings der Fall vor, dass sowohl die Forderung als auch die Hypothek mangelhaft ist, finden **§§ 891 ff. BGB** direkt bzgl. des dinglichen Rechts und **§§ 1138 i.V.m. 891 ff. BGB** bzgl. der Forderung Anwendung.

hemmer-Methode: Machen Sie sich den Unterschied klar: Während § 1138 BGB nur dann Anwendung findet, wenn bei der Übertragung die abzutretende Forderung nicht existiert, kommen dagegen §§ 891 ff. BGB direkt zur Anwendung, wenn ein Nichtberechtigter die Hypothek bestellt hat bzw. wenn die abgetretene Forderung tatsächlich nicht hypothekarisch gesichert ist.

Erwerb vom Nichtberechtigten

S nimmt bei dem als Richter tätigen G ein Darlehen auf und bestellt ihm zur Sicherheit an seinem Grundstück eine Briefhypothek. G wird schließlich als Hypothekengläubiger im Grundbuch eingetragen. Wegen der übermäßigen Beschäftigung mit komplizierten und verworrenen schuldrechtlichen Konstellationen wird G geisteskrank i.S.v. § 104 Nr.2 BGB, weshalb ihm ein Betreuer bestellt wird, § 1896 BGB. Es gelingt G dennoch, die Hypothek in öffentlich beglaubigter Form an X abzutreten. X hat von den Vorgängen um G keine Kenntnis. Später überträgt X die Hypothek in gleicher Weise auf Y, der ebenfalls keine Kenntnis von der Geisteskrankheit hat.

Kann Y oder der Betreuer des G bei Fälligkeit des Darlehens Zahlung von S verlangen?

Y könnte im Wege der Zwangsvollstreckung gegen S vorgehen, wenn er Inhaber der Hypothek wurde, § 1147 I BGB. Durch die Abtretung der Darlehensforderung von X könnte Y die Hypothek erworben haben, §§ 1153, 1154 BGB. Dabei muss davon ausgegangen werden, dass bei Übertragung der Hypothek gleichzeitig die Abtretung der Forderung erfolgte, § 1153 II BGB. Somit hat **Y** die **Forderung** gem. § 1154 I BGB erworben, **wenn X als Berechtigter** darüber **verfügt** hat.

Auch X könnte im Wege der Abtretung von G Inhaber der Hypothek geworden sein. § 1154 BGB erfordert jedoch eine **wirksame Einigung der Parteien** über den Forderungsübergang. Zum Zeitpunkt der Abtretung war **G** jedoch geisteskrank und damit **geschäftsunfähig.** Eine wirksame Abtretung hätte über den Betreuer erfolgen müssen, § 1902 BGB. Somit war die **Abtretung unwirksam.** Ein gutgläubiger Erwerb kommt wegen der Geschäftsunfähigkeit des G nicht in Betracht. **Y gegenüber handelte X folglich als Nichtberechtigter.**

Deshalb muss getrennt voneinander geprüft werden, ob Y Hypothek und/oder Forderung erworben hat:

Y könnte die Hypothek von X als Nichtberechtigtem gutgläubig gem. §§ 1138, 892 BGB erworben haben. Problematisch hierbei ist, dass G noch im Grundbuch eingetragen ist. Y konnte jedoch seinen guten Glauben auf die Kette öffentlich beglaubigter Abtretungserklärungen stützen, die auf den im Grundbuch eingetragenen G zurückführt. Da **Y** auch **gutgläubig hinsichtlich der Gläubigerstellung des X** war, konnte er die **Hypothek** über §§ 1138, 892, 1153 BGB **gutgläubig erwerben.**

Fraglich ist aber, ob Y auch aus der Darlehensforderung Ansprüche zustehen können. Nach h.M. wird die Akzessorietät von Forderung und Hypothek durchbrochen: Weil G die Forderung wegen der unwirksamen Abtretung behält, erwirbt Y eine forderungsentkleidete Hypothek. Bei G bleibt dagegen eine Forderung, die nicht mehr durch eine Hypothek gesichert wird, zurück. Dem hält eine **M.M.** (*sog. „Mitreißtheorie"*) allerdings entgegen, dass der Akzessorietätsgrundsatz nicht aufgeweicht werden dürfe. Deshalb **erlange Y mit der Hypothek auch die gesicherte Forderung** nach § 1153 II BGB. Begründet wird dies mit der *Schutzwürdigkeit des Schuldners, der vor dem Zugriff zweier Rechtsinhaber bewahrt* und nicht doppelt belastet werden soll. Dem ist entgegen zu halten, dass wegen §§ 1160, 1161 BGB überhaupt keine Gefahr für den Schuldner besteht.

Folglich **hat Y nur die Hypothek erworben.** Die **Zahlung des S** muss deshalb **nur an ihn** erfolgen. Gegenüber dem Forderungsinhaber kann S die dauernde Einrede gem. §§ 1160, 1161 BGB erheben.

hemmer-Methode: Den Begriff „Mitreißtheorie" sollten Sie kennen, auch wenn der Ansatz nicht überzeugend ist. Denn diese Theorie steht in Widerspruch zu § 1138 BGB, der gerade einen gutgläubigen Forderungserwerb nicht ermöglichen soll. Die Mitreißtheorie läuft aber faktisch auf einen solchen gutgläubigen Erwerb hinaus.

Folgen der Übertragung

Gegenüber den Ansprüchen des bisherigen Gläubigers stehen dem Eigentümer und/oder persönlichen Schuldner Einreden und Einwendungen zu (vgl. KK 51). Fraglich ist aber, was mit diesen Gegenrechten im Falle der Übertragung der Hypothek an einen Dritten geschieht.

Wie wirkt sich die Abtretung der hypothekarisch gesicherten Forderung auf Einwendungen und Einreden aus?

I. Einwendungen und Einreden des persönlichen Schuldners:

Gegenüber dem **neuen Gläubiger** kann der persönliche Schuldner **alle** im Hinblick auf die Forderung bestehenden **Einwendungen** und nach h.M. auch **Einreden** geltend machen, § 404 BGB. Der *persönliche Schuldner* wird unter den Voraussetzungen des § 407 BGB auch dann *von der Leistungsverpflichtung frei*, wenn er *an* den *ehemaligen Gläubiger leistet.* Eine **Geltendmachung pfandrechtsbezogener** (= eigentümerbezogener) **Einwendungen/Einreden scheidet** dagegen **aus.**

II. Einwendungen und Einreden des Eigentümers:

Einerseits kann er gegen die Geltendmachung der Hypothek alle **pfandrechtsbezogenen Einreden vorbringen,** § 1157 S.1. BGB (aber: gutgläubiger einredefreier Erwerb nach § 1157 S.2 BGB möglich). Nach h.M. *muss* im Rahmen des § 1157 S.1 BGB aber abweichend von § 404 BGB bereits der gesamte *Einredetatbestand vor dem Erwerb verwirklicht* gewesen sein.
Andererseits stehen dem Eigentümer **auch** die **schuldnerbezogenen Einreden** zu, §§ 1137 I S. 1 i.V.m. 404 BGB (aber: gutgläubiger einredefreier Erwerb nach § 1138 BGB möglich). Die Möglichkeit der Berufung auf schuldnerbezogene Einwendungen ergibt sich bereits aus dem Grundsatz der Akzessorietät. Allerdings schränkt dies § 1156 BGB dahingehend ein, dass sich der *Eigentümer nicht auf §§ 406-408 BGB stützen kann.*

III. Gutgläubiger einredefreier Erwerb:

Hinsichtlich der *Forderung* kann der Zessionar *nicht* gutgläubig einredefrei erwerben; dagegen ist ein **gutgläubiger einredefreier Erwerb der Hypothek möglich.** In diesem Fall *verliert* der Eigentümer seine – *gegenüber dem bisherigen Gläubiger* bestehenden – *Rechte.*
Um dies zu verhindern, müssen nach § 1157 S.2 BGB die **pfandrechtsbezogenen Einreden im Grundbuch eingetragen** werden (§§ 892 I, 894 BGB) oder **aus** dem **Hypothekenbrief** bzw. der **beglaubigten Abtretungserklärung** (§ 1155 BGB) **hervorgehen** (§ 1140 BGB).
§ 1138 BGB ermöglicht darüber hinaus einen **gutgläubigen einredefreien Erwerb bzgl. der dem Eigentümer zustehenden schuldnerbezogenen Einreden. Vgl. Sie zur Rechtslage bei der Grundschuld KK 75. Die Frage, ob § 1192 Ia BGB analog auf die Hypothek angewendet werden sollte, ist bislang ungeklärt.**

hemmer-Methode: Achten Sie immer darauf, das Schicksal von Hypothek und Forderung streng zu trennen. Gerade im Bereich der Übertragung der Forderung und einem eventuellen gutgläubigen Erwerb ist dies unerlässlich.

G ist Inhaber einer Darlehensforderung gegen S, die durch eine Hypothek am Grundstück des S gesichert wird. Am 03.03. werden Forderung und Hypothek von G wirksam auf einen Dritten D übertragen. Am 04.03. tilgt S seine Kreditschulden bei G. Am 05.03. verlangt D als neuer Gläubiger von S die Zahlung. Hilfsweise fordert er die Duldung der Zwangsvollstreckung. S beruft sich dagegen auf die Zahlung an G; von einer Abtretung hätte er keine Kenntnis erhalten.

Muss S zahlen bzw. die Zwangsvollstreckung in sein Grundstück dulden?

Zunächst muss zwischen dem Anspruch des D als Gläubiger der persönlichen Forderung und dem Anspruch aus der Stellung als Hypothekengläubiger unterschieden werden.

Die **persönliche Forderung hat D** zwar **wirksam von G erworben,** §§ 1154, 398 BGB, jedoch hat *S an* den ursprünglichen Gläubiger *G gezahlt.* Da dies *in Unkenntnis der Abtretung* geschah, greift § 407 I BGB ein. Danach **wirkt** die **Zahlung auch gegen den neuen Gläubiger D.**

Die **Darlehensforderung** ist deshalb **erloschen,** womit sich D nur noch über § 816 II BGB an den Altgläubiger G halten kann.

Der Dritte **D** hat gem. § 1153 I BGB mit der gesicherten Forderung auch die **Hypothek erworben.** Würde § 1156 BGB nicht die §§ 406-408 BGB in Ansehung der Hypothek ausschließen, so würde das Erlöschen der gesicherten Forderung zur Verwandlung der Hypothek in eine Eigentümergrundschuld führen, §§ 1163 I S. 2, 1177 I BGB. Damit würde D außer der Forderung auch noch die Hypothek, seine dingliche Sicherheit, verlieren. Die Eingehung eines solchen Risikos würde die Verkehrsfähigkeit der hypothekarisch gesicherten Forderung stark beeinträchtigen.

Die Unanwendbarkeit der §§ 406-408 BGB durch § 1156 BGB auf das Verhältnis zwischen Sicherungsgeber und Gläubiger hinsichtlich der Hypothek ist also gerechtfertigt: Durch Zahlung an den Altgläubiger ist zwar – wie oben gezeigt – die Forderung erloschen. Allerdings **behält der neue Hypothekengläubiger das forderungsentkleidete Sicherungsmittel.** Die Akzessorietät zwischen Hypothek und Forderung wird durchbrochen.

Damit **kann D** die **Duldung der Zwangsvollstreckung in das Grundstück des S verlangen,** *ohne auch aus der Darlehensforderung das Geld beanspruchen* zu können.
Daher **muss S entweder die Zwangsvollstreckung durch D in das Grundstück dulden oder diese durch Zahlung der fiktiven Forderung abwenden,** § 1142 BGB.

hemmer-Methode: Zeigen Sie, dass Sie Parallelen ziehen können: Wie auch § 1138 BGB führt § 1156 BGB zur Entstehung einer forderungsentkleideten Hypothek. Sie müssen sich deshalb mit den einzelnen Ansprüchen des neuen Gläubigers genau auseinander setzen. Während Sie bei der Forderung über § 407 I BGB zu deren Erlöschen kommen, besteht der Anspruch aus dem dinglichen Recht wegen § 1156 BGB fort.

Der Sicherungsgeber SG bestellt dem G zur Sicherung einer Forderung gegen den S eine Hypothek an seinem Grundstück. Anschließend überträgt G die Forderung mit Hypothek an einen Dritten. Dieser Dritte nimmt S aus der Forderung in Anspruch bzw. er verlangt von SG die Duldung der Zwangsvollstreckung.

1. Der S beruft sich auf die Einrede des nichterfüllten Vertrags nach § 320 BGB.
2. Der SG macht geltend, dem S stünde die Einrede des nichterfüllten Vertrages zu.

Erreichen S und SG mit ihrem Vorbringen die Nichtdurchsetzbarkeit der Forderung bzw. die Undurchführbarkeit der Zwangsvollstreckung?

1. Der Anspruch des Dritten gegen S aus Vertrag ist gegeben. Er ist jedoch, selbst nach der Abtretung, nicht unproblematisch durchsetzbar. S kann auf eine Klage des Dritten die Einrede aus §§ 320, 404 BGB erheben, obwohl S vom Dritten die Erfüllung des Vertrages durch diesen nicht verlangen kann.

Die Folge daraus ist, dass **gegen S nur** ein **Urteil zur Leistung Zug um Zug gegen die Bewirkung der Gegenleistung** ergehen kann, § 322 I BGB. Der Dritte kann aus diesem Urteil im Wege der Zwangsvollstreckung aber erst dann vorgehen, wenn S wegen der Gegenforderung Befriedigung erlangt hat oder in Gläubigerverzug gesetzt wurde. Das **Urteil** gegen S bleibt jedoch **wertlos, wenn** der **Schuldner der Gegenforderung**, also der Gläubiger, diese **Voraussetzungen nicht erfüllen kann;** das Urteil ist dann nicht vollstreckbar.

2. Der Einwand des **S**, er habe aufgrund seiner **Einrede des nichterfüllten Vertrags** nach § 320 BGB ein **Leistungsverweigerungsrecht**, stammt **aus dem forderungsbegründenden Schuldverhältnis.** Gem. § 1137 BGB kann SG diese **Einrede gegenüber** dem **Dritten** geltend machen; gegenüber einem gutgläubigen Erwerber bringt sie ihm jedoch nichts, § 1138 BGB. Deshalb wird **SG zur Duldung der Zwangsvollstreckung verurteilt,** obwohl der persönliche Schuldner nur zur Leistung Zug um Zug verpflichtet werden kann.

hemmer-Methode: Diese Probleme des gutgläubigen einredefreien Erwerbs stellen sich auf die gleiche Weise, wenn die Forderung überhaupt nicht zur Entstehung gelangt ist: Da es grds. (mit Ausnahme von § 405 BGB) keinen gutgläubigen Forderungserwerb gibt, konnte bei der Abtretung der durch eine Hypothek gesicherten Forderung diese nicht entstehen. Wegen § 1138 BGB entsteht jedoch eine sog. forderungsentkleidete Hypothek. Wenn auch wegen der fehlenden Forderung nur eine Eigentümergrundschuld (§§ 1163 I S. 1, 1177 I BGB) bestand, so muss der Erwerber bei Übertragung vom Scheinhypothekar doch geschützt werden. Dabei genügen §§ 1155, 892 BGB nicht, weil die Hypothek eine Forderung voraussetzt. Aus diesem Grund fingiert § 1138 BGB den Erwerb einer Forderung, um damit die Entstehung der Hypothek zu ermöglichen. Einen Anspruch gegen den Schuldner kann § 1138 BGB aber nicht begründen, womit nur der Weg über die Zwangsvollstreckung bleibt, § 1147 BGB.

Zum vorherigen Fall

Im Fall der vorherigen Karte beruft sich der Sicherungsgeber SG auf eine Abrede mit dem Gläubiger, wonach dieser die Hypothek nicht auf Dritte übertragen dürfe.

Variante: Die Abrede beinhaltet, dass der Gläubiger erst nach Ablauf von drei Jahren ab der Bestellung der Hypothek den Sicherungsgeber in Anspruch nehmen dürfe.

Hat das Vorbringen des Sicherungsgebers Erfolg?

Die Auslegung des Einwandes, mit dem G sei die Nichtübertragbarkeit der Hypothek auf Dritte vereinbart worden, ergibt, dass sie sich auf die Nichtabtretung der Forderung bezieht. § 399 Alt.2 BGB ist auch hier auf die hypothekarisch gesicherte Forderung anwendbar, so dass der Dritte die Hypothek nicht erwerben konnte. Ist aber diese Verfügungsbeschränkung nicht im Grundbuch eingetragen, ist fraglich, ob nicht ein **gutgläubiger Hypothekenerwerb durch den Dritten** möglich ist. Auch wenn der Gläubiger überhaupt nicht Inhaber der Forderung gewesen wäre, hätte ein gutgläubiger Erwerb stattfinden können; erst recht muss dies gelten, wenn der Gläubiger Inhaber einer nicht abtretbaren Forderung ist. Da jedoch § 1138 BGB nur für den Erwerb der Hypothek die Forderung fingiert, findet **kein Forderungserwerb** statt. **Daraus folgt** jedoch ein vom Gesetz, § 1153 II BGB, **nicht gewolltes Auseinanderfallen der Gläubigerrechte aus Forderung und aus Hypothek.** Die **h.M. vermeidet dieses Ergebnis, indem die Forderung der Hypothek folgt,** *wenn ein als Hypothekengläubiger eingetragener Nichtberechtigter im Wege des gutgläubigen Erwerbs dem Zessionar eine Hypothek verschafft, die die Forderung eines anderen sichert.*

Da Forderung und dingliches Verwertungsrecht nicht getrennt werden sollen, muss ein Auseinanderfallen der Gläubigerrechte vermieden werden **(Mitreißtheorie)**. Für dieses Ergebnis spricht vor allem, dass sonst eine Verdoppelung der Gläubigerrechte entstehen würde. Deshalb muss der Dritte erst Recht die Forderung erwerben, wenn der verfügende Gläubiger nicht deshalb Nichtberechtigter ist, weil einem anderen die Forderung zustand, sondern weil er mit dem Schuldner ein Abtretungsverbot vereinbart hat.

Diese Ansicht führt dazu, dass der **Abtretungsausschluss nach § 399 2.Alt. BGB gegenüber einem gutgläubigen Abtretungsempfänger wirkungslos** ist, **da dieser** jedenfalls die **Hypothek und darüber** auch die **Forderung erwirbt.**

Der Einwand, der Sicherungsgeber SG habe mit dem G die Abrede getroffen, dieser dürfe ihn erst nach Ablauf der Dreijahresfrist in Anspruch nehmen, gründet sich im Sicherungsvertrag. Diese Einrede wirkt auch gegenüber dem Dritten, § 1157 S.1 BGB, sofern dieser im Hinblick darauf nicht gutgläubig war, § 1157 S.2 BGB.

hemmer-Methode: Wiederholen Sie die Problematik der Einreden noch einmal anhand KreditsicherungsR, Rn. 252 ff.

Fall zur Übertragung der Hypothek

A hat sich von Gläubiger G privatschriftlich eine Forderung abtreten lassen, die durch eine Briefhypothek gesichert wird. Danach macht er die Feststellung, dass G überhaupt nicht der Inhaber von Forderung und Hypothek war. Diese stand vielmehr dem Y zu, der tatsächlich auch im Grundbuch eingetragen war. A möchte jedoch die Forderung günstig weiterverwerten und fälscht deshalb eine öffentlich beglaubigte Abtretungserklärung des Y. Mit dieser Fälschung spiegelt er dem T, dem er die Forderung gem. § 1154 I BGB abtritt, vor, der Y habe ihm die Forderung und die Hypothek direkt übertragen.

Hat T die Forderung und die Hypothek erworben?

Unproblematisch ist der Erwerb der Forderung. Da der G dem A nichts abtreten konnte, **wurde A auch nicht Inhaber der Forderung.** Damit konnte er die Forderung auch nicht als Berechtigter auf T übertragen. Mit Ausnahme von § 405 bzw. § 2366 BGB ist auch **kein gutgläubiger Erwerb einer Forderung** anerkannt.

Unabhängig davon ist der **Erwerb der Hypothek** zu beurteilen: Weil zur Zeit der Abtretung Y im Grundbuch eingetragen war, konnte A die Hypothek nicht gutgläubig von G erwerben; § 892 BGB greift nicht zugunsten des A ein. **T konnte** daher von A die **Hypothek nur erwerben, wenn die Gutglaubensvorschriften bei Verfügungen Nichtberechtigter zu seinen Gunsten eingreifen:**

Da noch immer Y, nicht dagegen A, im Grundbuch als Hypothekengläubiger eingetragen ist, kann § 892 BGB keine direkte Anwendung finden. Allerdings könnte über § 1155 BGB zugunsten des T **§ 892 BGB** dennoch anwendbar sein. Ist ein **Briefbesitzer durch** eine auf einen eingetragenen Gläubiger zurückzuführende **Reihe öffentlich beglaubigter Abtretungserklärungen legitimiert, so ist er im Hinblick auf die §§ 891 ff. BGB so zu behandeln, als wäre er im Grundbuch eingetragen.** Damit erleichtert der Hypothekenbrief die Verkehrsfähigkeit der Hypothek, weil er einen Rechtserwerb außerhalb des Grundbuchs ermöglicht. Es wäre A möglich gewesen, dem gutgläubigen T die Hypothek zu übertragen, wenn die Abtretungserklärung des Y gegenüber A echt gewesen wäre. Es ist jedoch fraglich, ob auch eine **gefälschte Abtretungserklärung** die Anwendung des § 1155 BGB rechtfertigt.

Dies hat das **RG** mit der Begründung bejaht, schon der **Anschein einer öffentlich beglaubigten Abtretungserklärung müsse** einen **Rechtserwerb kraft guten Glaubens ermöglichen.**

Dem tritt die **h.M.** allerdings mit dem Argument entgegen, auch ein gefälschter Grundbucheintrag könne keinen Erwerb kraft guten Glaubens begründen. Des Weiteren bedarf ein gutgläubiger Erwerb eines Rechtsscheinsträgers, der den Veräußerer als Rechtsinhaber legitimiert. Bei der Hypothek kann Rechtsscheinsträger das Grundbuch bzw. die Reihe öffentlich beglaubigter Abtretungserklärungen sein. Einer **Fälschung kommt** jedoch **keinesfalls Legitimationswirkung** zu, weil es nicht darauf ankommen kann, von welcher Qualität die Fälschung ist.

hemmer-Methode: Merken Sie sich folgendes Wortspiel: Maßgeblich für den gutgläubigen Erwerb ist, dass der Rechtsschein - und nicht nur der Anschein eines Rechtsscheins - den Verfügenden legitimiert.

Vergleichbar ist diese Folgerung auch mit dem gutgläubigen Geheißerwerb: Geschützt wird hier der gute Glaube aufgrund eines Rechtsscheinstatbestandes und nicht an die Richtigkeit eines Rechtsscheinstatbestandes.

Haftungsverband

Haftungsgegenstand ist vorrangig das Grundstück. Des Weiteren können Grundpfandrechte auch am Miteigentumsanteil (z.B. Wohnungseigentum) oder an einem Erbbaurecht bestellt werden.

Darüber hinaus erstreckt sich die Haftung bei Grundstücken auch auf bewegliche Sachen und Rechte (§§ 1120 ff. BGB), die mit dem Grundstück zu einer wirtschaftlichen Einheit verbunden sind. Auf diese Weise wird die Sicherheit der Grundpfandrechte ausgedehnt.

Wie haften Zubehör, Bestandteile und Rechte?

Wie vollzieht sich die Verwertung mithaftender Gegenstände?

Können Gegenstände aus dem Haftungsverband wieder frei werden?

I. Nach § 1120 BGB werden **die von dem Grundstück getrennten Erzeugnisse und Bestandteile sowie das Zubehör des Grundstücks in den Haftungsverband miteinbezogen.** Vor der Trennung werden die wesentlichen Bestandteile bereits nach § 93 BGB vom Grundpfandrecht erfasst. **Zubehör** wird nur dann von der Haftung erfasst, wenn es im **Eigentum des Grundstückseigentümers** steht. Problematisch ist in diesem Zusammenhang, ob sich die Haftung **auch** auf **ein unter Eigentumsvorbehalt gekauftes Zubehörstück** erstreckt: Da das Anwartschaftsrecht eine Vorstufe zum Volleigentum darstellt, muss es – wie auch das Eigentum – in den Haftungsverband fallen. Nach der Rspr. ist es allerdings möglich, das *Anwartschaftsrecht vor vollständiger Kaufpreiszahlung einverständlich aufzuheben*. Die h.L. verlangt jedoch in analoger Anwendung von § 1276 BGB die *Zustimmung des Hypothekars zur einverständlichen Aufhebung.*

§§ 1123, 1126, 1127 BGB erstrecken den **Haftungsverband auch auf Forderungen** (z.B. aus Vermietung und Verpachtung), *die* dem *Grundstückseigentümer zustehen* müssen.

II. Betreibt der Gläubiger die **Zwangsversteigerung oder die Zwangsverwaltung in das Grundstück,** so erfolgt eine **Verwertung auch hinsichtlich der mithaftenden Gegenstände** (§§ 20, 21, 55, 90 ZVG). **Miet- und Pachtzinsforderungen** werden allerdings **nur durch** die **Zwangsverwaltung erfasst**, §§ 21 II, 148 I S. 1 ZVG. Mit Ausnahme des Zubehörs (§ 865 II S. 1 ZPO) kann der Gläubiger mit seinem Titel auch **allein in die mithaftenden Gegenstände vollstrecken** lassen. Diese Art der Zwangsvollstreckung richtet sich nach §§ 808 ff. ZPO. Wegen seines dinglichen Titels kann er auf die mithaftenden Gegenstände gegenüber den persönlichen Gläubigern vorrangig zugreifen.

III. Dem Eigentümer muss es möglich sein, Gegenstände aus dem Haftungsverband zu lösen. Da §§ 1121 f. BGB die Möglichkeit dieser **Enthaftung** vorsehen, kann kein gutgläubiger lastenfreier Erwerb nach § 936 BGB in Betracht kommen. Die erforderliche zeitliche Abfolge von der Veräußerung der Sache, der Entfernung der Sache vom belasteten Grundstück und der Beschlagnahme ergibt sich aus dem Gesetzeswortlaut der §§ 1121 f. BGB.

Für Rechte sieht §§ 1123 II, 1124 I BGB ebenfalls die **Möglichkeit der Enthaftung** vor.

hemmer-Methode: Vergegenwärtigen Sie sich noch einmal die Problematik des Anwartschaftsrechts als wesensgleiches Minus zum Eigentum: Obwohl kein Durchgangserwerb stattfindet, wirkt die Belastung des Anwartschaftsrechts im Volleigentum fort.

Lösen Sie zum besseren Verständnis des Haftungsverbands folgenden Fall:

Das Grundstück des Bauunternehmers B unterliegt der hypothekarischen Haftung des H. Trotzdem übereignet B einen Bagger nach §§ 929, 930 BGB zur Sicherung eines Darlehens an D. Kurz danach betreibt H die Zwangsvollstreckung in das Grundstück. Nach wirksamer Beschlagnahme holt sich D, der von Hypothek und Zwangsvollstreckung nichts wusste, den Bagger ab.

Steht der Verwertung des Baggers durch H etwas entgegen?

Die **Verwertung des Baggers** durch H kann nur dann erfolgen, **wenn er** aufgrund der Beschlagnahme **von** der **hypothekarischen Haftung erfasst** wurde.

Die **Beschlagnahme** erstreckt sich gem. § 20 II ZVG auf die **Gegenstände, die der Hypothekenhaftung unterliegen.** Der Umfang der Haftung bestimmt sich dabei nach §§ 1120 ff. BGB. Gem. § 1120 BGB fallen auch Zubehörstücke, die sich im Eigentum des Hypothekenschuldners befinden, in den Haftungsverband der Hypothek. Nach §§ 97, 98 Nr. 1 BGB ist der **Bagger Grundstückszubehör;** damit gehört er auch in den **Haftungsverband.**

Die bloße Veräußerung hat an der hypothekarischen Haftung nichts verändert: Da die Veräußerung des Baggers gem. §§ 929, 930 BGB erfolgte, befand sich der Bagger im Zeitpunkt der Beschlagnahme noch auf dem Grundstück des B. Eine **Enthaftung** nach §§ 1121 I, 1122 I oder § 1122 II BGB **scheidet** somit **aus.** Eine wirksame Befreiung von der Haftung kann in einem solchen Fall nach § 1121 II BGB erfolgen.

Grundsätzlich schaffen bereits §§ 136, 135 I und II BGB durch die Verweisung auf §§ 932 ff. BGB die **Möglichkeit, die** durch die Beschlagnahme hervorgerufene **Verfügungsbeschränkung** des B **zu überwinden.** Da hier jedoch die **relative Verfügungsbeschränkung des § 23 I S. 1 ZVG** zwischen der Veräußerung des Baggers und seiner Entfernung vom Grundstück eingetreten ist, kann es auch nur auf die Gutgläubigkeit des D zum Zeitpunkt der Entfernung ankommen. Die bloße Entfernung ist jedoch keine für die Anwendbarkeit von § 135 BGB erforderliche Verfügung.

Deshalb bedarf es hier der den § 135 BGB ergänzenden Regelung des § 1121 II S. 2 BGB, die die Entfernung einer Verfügung gleichstellt: **D muss bei** der **Entfernung in Ansehung der Beschlagnahme in gutem Glauben gewesen sein.**

Da dies laut Sachverhalt der Fall war, hat **D** gem. §§ 929, 930, 1121 II S. 2, 932 II BGB **gutgläubig unbelastetes Eigentum erworben**. **H kann** den **Bagger** somit **nicht verwerten.**

hemmer-Methode: Für die Frage des Freiwerdens aus dem Haftungsverband nach §§ 1121, 1122 BGB ist es weiterhin wichtig zu wissen, dass § 936 BGB auf diese Fälle nach h.M. keine Anwendung findet. §§ 1121 f. BGB sind insoweit leges speciales. Versuchen Sie noch einmal, sich die unterschiedlichen Fallgestaltungen der §§ 1121, 1122 BGB anhand des Gesetzestextes zu erarbeiten.

Folgen der Zahlung

Wird der Gläubiger befriedigt, so muss sich dies aufgrund der Akzessorietät auch auf die Hypothek auswirken. Welche Rechtsfolgen die Zahlung bei der Hypothek nach sich zieht, hängt davon ab, wer die Zahlung erbringt und wer im Innenverhältnis der letztlich Verpflichtete sein soll.

Stellen Sie die Rechtsfolgen der Zahlung durch

1. **den Schuldner und**
2. **den Eigentümer dar.**

1. Zahlung des persönlichen Schuldners:

Zahlt der persönliche Schuldner, so **erlischt** die **Forderung** nach § 362 I BGB und die Fremdhypothek verwandelt sich in eine **Eigentümergrundschuld** gem. §§ 1163 I S. 2, 1177 I S. 1 BGB unabhängig davon, ob persönlicher Schuldner und Eigentümer identisch oder personenverschieden sind.

Ausnahme: Der mit dem Schuldner nicht identische Eigentümer ist im Innenverhältnis gegenüber dem persönlichen Schuldner verpflichtet, den **Gläubiger** zu **befriedigen**: Zwar erlischt die Forderung des Gläubigers gem. § 362 I BGB. Gem. § 1164 BGB (gesetzliche Forderungsauswechslung) entsteht aber **keine Eigentümergrundschuld,** sondern die **Hypothek geht auf den Schuldner über** und sichert jetzt den Ersatzanspruch des Schuldners gegen den Eigentümer. In der Klausur sind das in erster Linie die Fälle der *geplatzten Schuldübernahme*, wenn der Eigentümer das Grundstück veräußert und der Erwerber das Grundpfandrecht in Anrechnung auf den Kaufpreis übernimmt. Genehmigt der Gläubiger die Schuldübernahme nicht, bleibt der Veräußerer persönlich verpflichtet, die geplatzte Schuldübernahme bleibt aber als Erfüllungsübernahme wirksam, §§ 415 III S. 2, 329 BGB.

2. Zahlung des Eigentümers:

Wird der Eigentümer gem. § 1147 BGB auf Duldung der Zwangsvollstreckung in Anspruch genommen, kann er diese durch Zahlung an den Gläubiger abwenden, § 1142 BGB. Die **persönliche Forderung** gegen den Schuldner **geht** dann gem. § 1143 BGB **im Wege der Legalzession auf den Eigentümer über.** Mit der Forderung geht gem. §§ 412, 401 BGB auch die Hypothek an seinem Grundstück auf ihn über. Diese verwandelt sich aber nicht in eine Eigentümergrundschuld gem. § 1177 I BGB, sondern bleibt als **Eigentümerhypothek** gem. § 1177 II BGB bestehen, da dem Sicherungsgeber auch noch die Forderung zusteht.

hemmer-Methode: Bestehen mehrere akzessorische Sicherheiten (z.B. neben der Hypothek noch eine Bürgschaft), müssen Sie in diesem Zusammenhang immer an das Problem des "Wettlaufs der Sicherungsgeber" denken. Die sture Anwendung des Gesetzes führt aufgrund der jeweils angeordneten cessio legis (vgl. §§ 1143 I S. 1, 774 I S. 1 BGB) zu dem unsinnigen Ergebnis, dass der zuerst zahlende Sicherungsgeber am besten stünde, weil er die anderen Sicherungsmittel in vollem Umfang erwerben würde. Während nach einer Mindermeinung der Bürge privilegiert sein soll, geht die h.M. davon aus, dass beide Sicherungsgeber (analog §§§ 769, 774 II BGB) Gesamtschuldner sind, so dass der Regress nicht vom Zeitpunkt der Zahlung abhängt.

Wird der Grundstückseigentümer als Sicherungsgeber, der nicht zugleich auch der persönliche Schuldner ist, vom Gläubiger im Wege der Zwangsvollstreckung in Anspruch genommen, steht ihm nach § 1142 I BGB das Recht zu, dessen Forderung durch Zahlung auf die Hypothek zu befriedigen und so die Zwangsvollstreckung in sein Grundstück abzuwenden. Dabei stellt § 1142 BGB eine Sondervorschrift gegenüber §§ 267 II, 268 BGB dar.

Kommt es allerdings zur zwangsweisen Befriedigung des Gläubigers, erlischt die Hypothek nach § 1181 I BGB.

I. Was geschieht, wenn ein Dritter den Gläubiger befriedigt?

II. Ist ein gutgläubiger einredefreier Erwerb einer Hypothek über §§ 1150, 268 III BGB möglich?

I. Befriedigt ein Dritter den Gläubiger, so **erlischt** die **Forderung** grundsätzlich gem. §§ 267, 362 BGB mit der Folge, dass sich nach §§ 1163 I S. 2, 1177 I S. 1 die **Hypothek in eine Eigentümergrundschuld wandelt**.

Ist der **Dritte** jedoch **zur Befriedigung berechtigt** (§§ 1150, 268 BGB), **erwirbt er** kraft Gesetzes die **ursprünglich dem Gläubiger zustehende Forderung** gem. § 268 III S. 1 BGB **und** mit dieser auch die **Hypothek** über §§ 412, 401 BGB.

II. Da es sich bei den §§ 1150, 268 BGB um eine **cessio legis,** d.h. nicht um einen rechtsgeschäftlichen Erwerb handelt, ist der **gutgläubige einredefreie Erwerb einer Hypothek** in dieser Konstellation **nach h.M. nicht möglich.** Die andere Auffassung betont dagegen, dass ein gutgläubiger Erwerb möglich sein müsse, da es sich um einen „Abkauf" des Grundpfandrechts handele. Dieses Argument ist aber zweifelhaft, da zum einen kein besonderes Vertrauensverhältnis wie zu einem Verkäufer besteht und der Dritte zum anderen zahlt, um einen Rechtsverlust zu verhindern und nicht um ein Grundpfandrecht zu erhalten.

hemmer-Methode: § 1150 BGB schützt den Personenkreis des § 268 BGB und verlegt gleichzeitig den im Rahmen des § 268 BGB maßgeblichen Zeitpunkt von dem Betreiben der Zwangsvollstreckung auf das Befriedigungsverlangen vor.

Fall zu § 1164 BGB

Der Schuldner S verkauft dem Sicherungsgeber SG ein Grundstück. Dieses ist mit einer Hypothek zugunsten des Gläubigers G belastet. Die Hypothek sichert einen Kredit, den der G dem S gewährt hat. S und SG vereinbaren, dass SG die Kreditschuld des S durch Anrechnung auf den Kaufpreis für das Grundstück übernehmen solle, §§ 415, 416 BGB.

G verweigert allerdings die Genehmigung der Schuldübernahme. S wird deshalb nicht von seiner Schuld frei und muss nun das Darlehen selbst an G zurückzahlen.

Kann sich S bei SG schadlos halten?

Die von S und SG vereinbarte Schuldübernahme scheiterte am Fehlen der Genehmigung des G, § 415 II S. 1 BGB. Das Verhältnis zu G ändert sich deshalb nicht. Jedoch ist die fehlgeschlagene Schuldübernahme rechtlich nicht völlig folgenlos:

Zwischen S und SG bleibt sie **im Zweifel als Erfüllungsübernahme wirksam**, § 415 III S. 2 BGB. Dann hat *S gegenüber SG* einen *sog. Freistellungsanspruch*, ohne dass jedoch G von SG Zahlung verlangen kann, § 329 BGB. Dieser *Freistellungsanspruch wandelt sich* in dem Moment *in* einen *Zahlungsanspruch* um, wenn G den S in Anspruch nimmt und S zahlt, § 280 I, III i.V.m. §§ 283 BGB, 329 BGB.

Zwar **erlischt** dann die **gesicherte Forderung**, die Hypothek wandelt sich jedoch nicht in eine Eigentümergrundschuld um. § 1164 BGB normiert für diesen Fall aus Gründen der Billigkeit eine Ausnahme von § 1163 I S. 2 BGB. Die **Hypothek sichert nun** nicht mehr die Forderung des G gegen S, sondern vielmehr die **Ausgleichsforderung des S gegen SG.**

Ohne eine weitere vertragliche Abmachung zwischen S und SG, ist somit die **gesicherte Forderung gesetzlich ausgetauscht** worden. Ein solches Ergebnis ist billig: Wäre die Schuldübernahme wirksam gewesen, wäre SG Schuldner der durch eine Hypothek gesicherten Darlehensschuld geworden. Stattdessen wurde er Schuldner des durch die Hypothek gesicherten Ersatzanspruches, der dieselbe Höhe hat. Lediglich der Gläubiger wurde ausgewechselt.

hemmer-Methode: Allein mit isoliertem Faktenwissen im Bereich des Sachenrechts konnten Sie diesen Fall nicht lösen. Die Übergänge zwischen Schuldrecht und Sachenrecht sind fließend.

Die Veräußerung eines Grundstücks an einen Dritten unter Anrechnung des Kaufpreises mit nicht genehmigter Schuldübernahme ist die wichtigste Fallkonstellation, die Ihnen in diesem Bereich begegnen kann. Hat der Schuldner die Schuld selbst beglichen, wird dem Übernehmer unmöglich, den Schuldner von seiner Verpflichtung freizustellen, wie es im Kaufvertrag vorgesehen war. Deshalb kann dann der Schuldner nach § 415 III BGB den Übernehmer gem. §§ 329, 280 I, III BGB (i.V.m. § 283 BGB) auf Ersatz in Anspruch nehmen. Dieser Ersatzanspruch wird dann gem. § 1164 BGB durch die Hypothek am Grundstück des Käufers gesichert.

Auch in anderen Fällen, in denen der Sicherungsgeber dem Schuldner im Innenverhältnis verpflichtet sein soll, müssen Sie immer an § 1164 BGB denken. Dies ist z.B. der Fall, wenn der Sicherungsgeber nicht als Kreditnehmer nach außen in Erscheinung treten will und deshalb den Schuldner "vorschickt", obwohl das Geld eigentlich dem Sicherungsgeber zukommt.

Zahlt der persönliche Schuldner auf die Forderung, dann fehlt das Sicherungsobjekt für die Hypothek. Diese wandelt sich nach §§ 1163 I S. 2, 1177 I BGB in eine Eigentümergrundschuld.

Zahlt der Eigentümer auf die Forderung, geht diese gem. § 1143 I S. 1 BGB auf ihn über. Wegen der Akzessorietät erwirbt er dann auch die Hypothek, §§ 401, 412, 1153 I BGB. Die Hypothek wird zur Eigentümerhypothek, § 1177 II BGB.

Wie werden die nachrangig Berechtigten geschützt, wenn sich die Hypothek in eine Eigentümergrundschuld verwandelt?

I. Durch die Befriedigung des Gläubigers entsteht nach §§ 1163 I S. 2, 1177 I S. 1 BGB eine **Eigentümergrundschuld**. Diese nimmt den **gleichen Rang** wie die ursprüngliche Hypothek ein; ein *automatisches Aufrücken nachrangig Berechtigter scheidet* damit *aus*. Dem Eigentümer steht es frei, sie jederzeit wieder zur Sicherung einer Forderung heranzuziehen.

II. Dies wird allerdings den Interessen der **nachrangig Berechtigten** widersprechen: Deshalb sehen §§ 1179, 1179a BGB Möglichkeiten vor, die **blockierende Eigentümergrundschuld löschen** zu lassen, wodurch ein **Aufrücken in den höheren Rang** ermöglicht wird.

1. **Löschungsanspruch nach §§ 1179a, 1179b BGB:**

Der sich aus dieser Norm ergebende Löschungsanspruch ist nach § 1179a I S. 3 BGB mit der **Wirkung einer Vormerkung** ausgestattet. Die **Eintragung** als Vormerkung ist **nicht erforderlich.** Ist jedoch eine **Eigentümergrundschuld** aufgrund § 1163 II BGB **entstanden,** kann eine **Löschung nicht verlangt** werden, § 1179a II S. 2 BGB. Dieser *gesetzliche Löschungsanspruch kann* für bestimmte Fälle oder auch allgemein durch Vertrag *ausgeschlossen werden*, § 1179a V BGB.

Unter den Voraussetzungen des § 1179b BGB kann auch der Buchgläubiger einen Löschungsanspruch geltend machen. Durch diesen Anspruch soll verhindert werden, dass der ursprüngliche Gläubiger auf Bewilligung der Umschreibung auf einen neuen Gläubiger in Anspruch genommen werden kann.

2. **Löschungsvormerkung nach § 1179 BGB:**

Der Eigentümer kann jedoch auch gegenüber einem nachrangig Berechtigten schuldrechtlich verpflichtet sein, die entstandene Eigentümergrundschuld löschen zu lassen. Dieser **schuldrechtliche Löschungsanspruch** kann durch die Eintragung einer Vormerkung gesichert werden, § 1179 BGB. Ein solcher Anspruch **sichert** aber nach § 1179 Nr.1, 2 BGB **nur Inhaber von Dienstbarkeiten, Nießbrauch, Vorkaufsrecht und Reallast sowie Inhaber von Ansprüchen auf Einräumung solcher Rechte oder auf Grundstücksübereignung.**

hemmer-Methode: Merken Sie sich, dass der Löschungsanspruch aus § 1179a I BGB im Falle des § 1163 I S. 1 BGB erst dann zur Entstehung gelangt, wenn nicht mehr zu erwarten ist, dass die zu sichernde Forderung entstehen wird, § 1179a II S. 1 BGB.

Arten der Hypotheken

Der Akzessorietätsgrundsatz, der eine Bindung der Hypothek an die Forderung nach sich zieht, schützt zwar den Eigentümer, beeinträchtigt jedoch dadurch die Umlauffähigkeit und damit die Interessen des Rechtsverkehrs. Diese Interessen hat der Gesetzgeber dadurch berücksichtigt, dass er zwei verschiedene Arten von Hypotheken je nach Grad der Akzessorietät geschaffen hat: die Verkehrs- und die Sicherungshypothek. Den Parteien steht es dabei frei, die Art der Hypothek zu vereinbaren.

Was versteht man unter Verkehrs-, was unter Sicherungshypothek?

Welche weiteren Arten unterscheidet der Gesetzgeber noch?

I. Verkehrshypothek:

Der Gesetzgeber geht immer dann von einer Verkehrshypothek aus, **wenn** die **Parteien nicht ausdrücklich eine Sicherungshypothek vereinbaren** und als solche **im Grundbuch eintragen lassen.** Die Verkehrshypothek kann sowohl *als Brief- wie auch als Buchhypothek* bestellt werden. Sie zeichnet sich dadurch aus, dass der *Akzessorietätsgrundsatz nicht immer streng durchgehalten* wird: Nach § 1138 BGB kann sich der Gläubiger einer Verkehrshypothek auch bzgl. der Forderung auf die Eintragung im Grundbuch berufen. Insoweit wird also bei der "Übertragung der Hypothek" die Forderung fingiert.

II. Sicherungshypothek:

Die Sicherungshypothek ist in vollem Umfang **streng akzessorisch.** Weil sie damit **nicht umlauffähig** ist, kann sie **nur als Buchhypothek** bestellt werden (§ 1185 I BGB). Sie muss im Grundbuch ausdrücklich als Sicherungshypothek bezeichnet werden. Der **Inhalt richtet sich ausschließlich nach der Forderung**, d.h. der Gläubiger kann sich im Hinblick auf die Forderung nicht auf die Vermutung des § 891 BGB stützen (§ 1184 I BGB). Dagegen ist ein **gutgläubiger Erwerb der Hypothek** nach § 892 BGB **möglich,** wenn die Forderung besteht. Die Vorschriften, die im Rahmen der Verkehrshypothek den strengen Akzessorietätsgrundsatz durchbrechen (z.B. §§ 1138, 1156), finden nach § 1185 II BGB für die Sicherungshypothek keine Anwendung. Eine Durchbrechung findet jedoch insoweit statt, als trotz der Verjährung der Forderung (§ 216 I BGB) die Rechte aus der Sicherungshypothek noch geltend gemacht werden können.

III. Höchstbetragshypothek:

Die Höchstbetragshypothek ist eine **Sonderform der Sicherungshypothek** (§ 1190 III BGB). Bei ihr erfolgt die **Vereinbarung eines Höchstbetrages**, innerhalb dessen eine *Forderung beliebiger Höhe gesichert* wird (§ 1190 BGB). In der Praxis wurde sie allerdings *durch die Sicherungsgrundschuld* weitgehend *verdrängt*.

IV. Gesamthypothek:

Als Sicherungs- und als Verkehrshypothek kann auch eine Gesamthypothek bestellt werden. Die Gesamthypothek ist eine **Hypothek an mehreren Grundstücken,** die der *Sicherung ein und derselben Forderung* dient (§ 1132 I BGB).

hemmer-Methode: Vor allem bzgl. eines gutgläubigen Erwerbs müssen Sie zwischen den Arten genau differenzieren.

Inhaltsverzeichnis

Themenverzeichnis

Themenverzeichnis

SachenR II

C II

Themenverzeichnis

Stichwortverzeichnis

A

B

D

E

F

G

H

Stichwortverzeichnis

U

V

Ein in der Praxis weitaus wichtigeres Grundpfandrecht gegenüber der Hypothek ist die Grundschuld. Der Grund dafür liegt in der besseren Umlauffähigkeit; anders als die Hypothek setzt die Grundschuld keine zu sichernde Forderung voraus (§ 1192 I BGB) und ist deshalb nicht akzessorisch. Eine gewisse Abhängigkeit von der zu sichernden Forderung wird allerdings wieder beim häufigen Fall der Sicherungsgrundschuld durch die in der Sicherungsabrede erklärte Zweckbestimmung erreicht.

Wie entsteht eine Grundschuld?

Was ist bei ihrer Übertragung zu beachten?

I. Auch die Grundschuld kann als **Buch- oder Briefrecht** bestellt werden (§ 1192 I BGB). Wie die Hypothek entsteht sie durch **Einigung und Eintragung** (§ 873 BGB). **Bei** der **Briefgrundschuld** ist außerdem die **Übergabe des Grundschuldbriefes** an den Sicherungsnehmer erforderlich (§ 1117 BGB).

Im Unterschied zur Hypothek **setzt** sie die **Entstehung einer Forderung nicht voraus;** dies selbst dann nicht, wenn die Grundschuld der Sicherung einer Forderung dienen soll (so bei der Sicherungsgrundschuld). Insoweit handelt es sich **bei Nichtentstehung der Forderung nicht** um ein **Eigentümergrundpfandrecht, sondern** trotzdem um ein **Fremdgrundpfandrecht.** Der Eigentümer hat dann aber einen *Anspruch auf Rückübertragung der Grundschuld aus dem Sicherungsvertrag* (ggf. im Wege ergänzender Vertragsauslegung).

Weiterhin ist es möglich, dass der **Eigentümer** an seinem Grundstück für sich eine **Eigentümergrundschuld bestellen** kann (§ 1196 I BGB). Wegen des Schutzes der nachrangig Berechtigten ist es nach § 1197 I BGB zwar ausgeschlossen, dass der Eigentümer in sein belastetes Grundstück vollstrecken kann; allerdings ist diese **Rangsicherung** sinnvoll, wenn die Grundschuld später auf einen Dritten übertragen werden soll.

II. Die Grundschuld wird im Wesentlichen **nach Hypothekenrecht übertragen.** Dabei ist allerdings zu beachten, dass sich **aus** der **Nichtakzessorietät** bestimmte **Abweichungen** ergeben: Da § 1153 BGB bei der Grundschuld keine Anwendung findet, müssen **Grundschuld und Forderung getrennt voneinander in zwei Rechtsgeschäften abgetreten** werden. Die *Abtretung der Forderung* ist *formlos* möglich; jedoch wendet die h.M. für die *Abtretung der Grundschuld § 1154 BGB analog* an. Grund dafür ist, dass ohne Anwendung des § 1154 BGB die Abtretung der Briefgrundschuld formlos und ohne Briefübergabe möglich wäre.

Wie auch bei der Hypothek kann der **Sicherungsgeber dem Zessionar grds. alle Einwendungen und Einreden entgegenhalten**, die ihm gegen den Zedenten zugestanden haben. Ein **gutgläubig einredefreier Erwerb durch den Zessionar** scheitert jedoch an § 1192 Ia BGB. Auch § 1156 BGB gilt wegen § 1192 Ia S.1 Alt.2 BGB nicht, so dass die §§ 406 bis 408 BGB zur Anwendung kommen.

hemmer-Methode: Merken Sie sich: Vor der Prüfung der Übertragungsvoraussetzungen muss die Frage stehen, ob das Grundpfandrecht überhaupt übertragen werden durfte. Die Übertragungsmöglichkeit kann nämlich durch Vereinbarung zwischen Eigentümer und Gläubiger nach §§ 413, 399 BGB ausgeschlossen werden. Diese Vereinbarung stellt eine Inhaltsänderung des Grundpfandrechts dar (§ 877 BGB) und ist deswegen nur dann wirksam, wenn sie im Grundbuch als Inhalt des Grundpfandrechts eingetragen ist.

Besonderheiten der Sicherungsgrundschuld

Obwohl die Grundschuld nicht das Bestehen einer Forderung voraussetzt, wird sie regelmäßig als Sicherheit für eine solche bestellt. Dann ist sie keine isolierte Grundschuld, sondern eine so genannte Sicherungsgrundschuld (vgl. Legaldefinition des § 1192 Ia BGB). Sie wird allerdings nicht als solche ins Grundbuch eingetragen. Die der Grundschuld zugrunde liegende Sicherungsabrede ist ein schuldrechtlicher Vertrag, der dazu führt, dass der Grundschuldgläubiger nur dann von der Grundschuld Gebrauch machen kann, wenn der Schuldner nicht leistet.

Welchen Inhalt hat der Sicherungsvertrag?

Zwischen dem Eigentümer und dem Grundschuldgläubiger wird ein Sicherungsvertrag geschlossen, der im Zusammenhang mit einem Darlehensvertrag regelmäßig auch konkludent geschlossen werden kann. **Inhalt** des Sicherungsvertrags sind die **Rechte und Pflichten der Parteien**; der **Sicherungsvertrag** ist der **Rechtsgrund** i.S.d. § 812 BGB **für die Grundschuldbestellung.**

Der Sicherungsvertrag **beinhaltet** zunächst die **Verpflichtung,** die **Grundschuld** überhaupt **zu bestellen** *(Bestellabrede).* Fehlt es an dieser Verpflichtung und bestellt der Eigentümer trotzdem eine Grundschuld, so besteht ein Anspruch auf Rückgewähr gegen den Gläubiger nach § 812 BGB. Weiterhin enthält der Sicherungsvertrag eine so genannte **Zweckerklärung**; durch diese wird festgelegt, für welche Forderung die Grundschuld als Sicherheit bestellt wird. Daneben werden Dinge wie z.B. Verwertungsbeschränkungen (z.B. Stundung). Ohne konkrete Vereinbarung ist der Sicherungsabrede zudem immanent, dass aufschiebend bedingt durch endgültigen Fortfall des Sicherungszwecks die Einrede der Nichtgeltendmachung sowie ein Rückübertragungsanspruch besteht.

Der Sicherungsvertrag **verpflichtet den Gläubiger,** das **Recht aus der Grundschuld nur** dann **geltend zu machen, wenn die gesicherte Forderung nicht befriedigt wird.** Fehlt eine solche ausdrückliche Vereinbarung im Sicherungsvertrag, muss sie sich im Wege *ergänzender Vertragsauslegung* ergeben. Der Gläubiger kann gegen den Rückübertragungsanspruch allerdings Einwendungen und Einreden geltend machen.

Inhalt des Sicherungsvertrags ist auch die **Bestimmung**, ob erfolgte Zahlungen lediglich auf die Forderung oder auf die Grundschuld **anzurechnen** sind (vergleichen Sie hierzu Karteikarte 72).

Beachten Sie aber immer die **Abstraktheit der nichtakzessorischen Sicherungsmittel:** Bei **Unwirksamkeit der Sicherungsabrede** besteht **kein Grundbuchberichtigungsanspruch** aus § 894 BGB, da der Sicherungsnehmer bis zur Rückübertragung der Grundschuld dinglich Berechtigter ist! Ausnahme: Ausnahmsweise kann auch die Grundschuldbestellung unwirksam sein, z.B. dann, wenn bei Wucherdarlehen der Sicherungsvertrag gem. § 138 II BGB nichtig ist; oder der Sicherungsvertrag ist gem. § 138 I BGB nichtig und die Sittenwidrigkeit besteht gerade im Vollzug der Grundschuldverschaffung.

hemmer-Methode: Verwechseln Sie die Sicherungsgrundschuld niemals mit der Sicherungshypothek nach §§ 1184 ff. BGB! Während die Sicherungshypothek besonders streng akzessorisch zur Forderung ist, ist die Sicherungsgrundschuld nie akzessorisch. Im Bereich der Übertragung hat sich dies allerdings durch § 1192 Ia BGB geändert, dazu vgl. KK 75.

In der alltäglichen Praxis der Kreditinstitute wird die Bestellung von dinglichen Sicherheiten i.d.R. formularmäßig vereinbart, so dass die §§ 305 ff. BGB auf den Sicherungsvertrag Anwendung finden.

Was besagt die sog. Anlassrechtsprechung des BGH?

Die sog. **Anlassrechtsprechung** des BGH **basierte auf § 3 AGBG a.F. (jetzt § 305 c I BGB)**. Demnach ist eine **formularmäßige Zweckabrede überraschend** und damit **nicht Vertragsbestandteil** geworden, **wenn** sie den **Sicherungsumfang über den durch den Anlass des Geschäftes bestimmten Rahmen in einem nicht zu erwartenden Umfang erweitert (vgl. ausführlich Palandt, § 1191, Rn. 42).**

Es verstößt daher gegen § 305 c I BGB, wenn durch die Sicherungsabrede *alle bestehenden und künftigen Forderungen gegen den Schuldner in die Haftung miteinbezogen* werden, obwohl *Anlass der Haftung lediglich* die *Übernahme einer bestimmten (!) eigenen oder auch fremden Verbindlichkeit* war. In solchen Fällen rechnet der Sicherungsgeber nicht mit einer derartigen Erweiterung der Haftung.

Etwas *anderes* kann nach BGH allerdings dann gelten, wenn der *Sicherungsgeber aufgrund personeller oder wirtschaftlicher Verflechtung das Entstehen von künftigen Forderungen beeinflussen* kann, oder die *Grundschuld* gerade *für Forderungen aus laufender Rechnung* gestellt wird.

Ebenfalls kein Verstoß liegt vor, wenn zwei Jahre nach der Grundschuldbestellung zwecks Sicherung einer bestimmten Darlehensverbindlichkeit der Sicherungszweck ohne weitere Darlehensgewährung auf bestehende und künftige Verbindlichkeiten mehrerer Dritter erweitert wird (BGH, NJW-RR 2017, 334).

hemmer-Methode: Der BGH hat seine sog. Anlassrechtsprechung in den letzten Jahren erweitert und insbesondere auch auf das Bürgschaftsrecht übertragen. Demnach kann sich ein Bürge, der die Bürgschaft aus Anlass einer konkreten Schuld übernommen hat, auf § 305 c I BGB berufen, wenn der Bürgschaftsvertrag seine Verpflichtung formularmäßig auf alle bestehenden und künftigen Verbindlichkeiten des Hauptschuldners erstreckt. Das Gesetz setzte nämlich in § 767 I S. 3 BGB eine summenmäßige Begrenzung der Bürgschaft als selbstverständlich voraus. Eine formularmäßige unbegrenzte Ausdehnung dieser Haftung weicht nach BGH so weit vom dispositiven Gesetzesrecht ab, dass der Bürge damit nicht zu rechnen braucht und die Klausel daher für ihn überraschend i.S.d. § 305 c I BGB ist.

Ist der Eigentümer nicht zugleich der persönliche Schuldner der Forderung, so richten sich die Rechtsfolgen der Zahlung bei der Grundschuld wie bei der Hypothek zunächst danach, wer gezahlt hat, und wer zur Zahlung im Innenverhältnis verpflichtet war.

Aufgrund der rechtlichen Selbständigkeit von Forderung und Grundpfandrecht stellt sich bei der Grundschuld noch ein weiteres Problem: Es muss geklärt werden, ob die Leistung auf die Forderung oder auf die Grundschuld erbracht wurde.

Stellen Sie die Rechtsfolgen der Zahlung

1. **des persönlichen Schuldners und**
2. **des Eigentümers dar!**

I. Zahlung durch Eigentümer, der zugleich persönlicher Schuldner ist:

1. Zahlung auf die Forderung:

Erlöschen der gesicherten Forderung gem. § 362 I BGB, *Gläubiger* bleibt *Inhaber der Fremdgrundschuld*, aber *schuldrechtlicher Anspruch des Eigentümers auf Rückübertragung* der Grundschuld aus der Sicherungsabrede.

2. Zahlung auf die Grundschuld:

Erwerb der Grundschuld als Eigentümergrundschuld, Begründung str. (§ 1143 I BGB analog, § 1163 I S. 2 BGB analog, §§ 1168, 1179 BGB analog). Die *Forderung erlischt*, weil immer zugleich auf diese geleistet wurde.

II. Zahlung des Eigentümers, der nicht persönlicher Schuldner ist:

1. Zahlung auf die Grundschuld:

a) *Erwerb der Grundschuld als Eigentümergrundschuld*, Begründung str. (s.o. I.2.)
b) *Anspruch gegen Gläubiger auf Abtretung der persönlichen Forderung* gegen Schuldner aus dem Sicherungsvertrag (Gleichstellung mit § 1143 I BGB). Ausnahme: Eigentümer ist im Innenverhältnis zum Schuldner selbst zur Zahlung verpflichtet (Gleichstellung mit § 1164 BGB)

2. Zahlung auf die Forderung:

Forderung erlischt, §§ 362 I, 267 I BGB, *Anspruch auf Rückgewähr der Grundschuld* aus dem Sicherungsvertrag.

III. Zahlung durch persönlichen Schuldner, der nicht Eigentümer ist:

I.d.R. Zahlung auf Forderung: diese *erlischt*, § 362 I BGB. *Eigentümer* kann *Rückgewähr der Grundschuld* verlangen, Ausnahme: Eigentümer ist im Innenverhältnis zur Zahlung verpflichtet, dann hat Schuldner Anspruch gegen Eigentümer auf Abtretung des Rückgewähranspruches (Gleichstellung mit § 1164 BGB)

hemmer-Methode: Zahlung und Regress bei der Grundschuld gehören zu den schwierigsten Kapiteln der Grundpfandrechte und können nur mit dem erforderlichen Grundverständnis gelöst werden. Merken Sie sich als Grundsatz: Das wirtschaftliche Ergebnis soll bei Verkehrshypothek und Sicherungsgrundschuld gleich sein, wenn nicht aufgrund der Besonderheiten des Einzelfalles eine andere Betrachtungsweise erforderlich ist, da der Gesetzgeber bei der Verkehrshypothek einen gerechten Ausgleich zwischen den Parteien geschaffen hat. Daher sollten Sie in der Klausur immer einen Vergleich mit dem Ergebnis bei der Hypothek anstellen. Die Rechtsfolgen, die sich bei der Hypothek kraft Gesetzes ergeben, müssen bei der Grundschuld dann auf rechtsgeschäftlichem Wege über die Sicherungsabrede zustande gebracht werden.

Zahlung auf Forderung oder Grundschuld?

Wie die Karteikarte 72 aufgezeigt hat, ist es für die Rechtsfolgen von grundlegender Bedeutung, ob auf die Grundschuld oder auf die persönliche Forderung gezahlt wird.

Wie stellen Sie fest, worauf gezahlt wird?

I. Ausdrücklicher Parteiwille bei der Zahlung

Worauf gezahlt wird, entscheidet sich primär nach dem bei der Zahlung zum Ausdruck gekommenen Willen des Zahlenden, § 366 BGB analog

II. Kein ausdrücklicher Parteiwille bei der Zahlung

Wird der Wille bei der Zahlung nicht ausdrücklich erklärt, so ist er **aus den Umständen**, insbesondere der Interessenlage bei der Zahlung, zu **ermitteln**, z.B.:

1. **Verrechnungsabrede:**
   Kreditinstitute nehmen in die Sicherungsabrede häufig eine Verrechnungsabrede auf. Hiernach werden **Zahlungen nur auf die persönliche Forderung, nicht auch auf die Grundschuld geleistet**, damit die **Grundschuld als Sicherungsmittel erhalten** bleibt, *bis* der Schuldner *alle Forderungen erfüllt* hat. Eine abweichende Bestimmung des Zahlenden ist jedoch wirksam, wenn der Gläubiger nicht widerspricht.

2. **Sicherungszweck:**
   Soll die *Grundschuld alle gegenwärtigen und/oder künftigen Forderungen* des Gläubigers gegen den Schuldner *sichern*, erfolgt die **Zahlung i.Zw. auf die Forderung,** um die Grundschuld als Sicherungsmittel zu erhalten.

3. **Interessenlage:**

   Im Übrigen ist auf die Interessenlage abzustellen:

   Der **persönliche Schuldner, der nicht Eigentümer** ist, **zahlt** i.d.R. nur **auf die Forderung**, wogegen der **Eigentümer**, der **nicht zugleich persönlicher Schuldner** ist, nur **auf** die **Grundschuld** zahlt.

   Ist der **Eigentümer zugleich Schuldner**, erfolgen **Ratenzahlungen** und Zahlungen aufgrund ständiger Geschäftsverbindung **i.Zw. auf die Forderung**, die **Zahlung des vollen Betrages** erfolgt dagegen i.d.R. **auf die Grundschuld** (wobei Zahlungen auf die Grundschuld i.d.R. zugleich auch auf die Forderung erfolgen).

hemmer-Methode: Nochmals: Machen Sie sich in der Klausur unbedingt Folgendes klar:
1. Handelt es sich um ein Zwei- oder Dreipersonenverhältnis (Schuldner und Eigentümer identisch?)?
2. Wer hat gezahlt?
3. Worauf wurde gezahlt?
4. Wer ist im Innenverhältnis (beim Dreipersonenverhältnis) zur Zahlung verpflichtet?

Fall zum Erlöschen der Forderung

Der Sicherungsgeber SG benötigt einen Kredit. Er möchte jedoch nicht selbst als Kreditnehmer in Erscheinung treten und vereinbart deshalb mit dem Schuldner S, dieser solle für ihn bei dem Gläubiger G ein Darlehen aufnehmen. Für dieses will SG an seinem Grundstück eine Grundschuld zur Sicherheit bestellen. S schließt den Kreditvertrag im eigenen Namen ab und leitet das Geld an SG weiter.

Kann G den SG in Anspruch nehmen?

S ist **im Außenverhältnis der alleinige Schuldner** des Rückzahlungsanspruchs des G. Deshalb kann der Gläubiger den Sicherungsgeber nicht aus dem Darlehensvertrag, sondern lediglich aus der Grundschuld in Anspruch nehmen. Im **Innenverhältnis zwischen S und SG** wurde jedoch **vereinbart**, dass **SG den Kredit zurückzahlt. Wenn dieser** nun nach §§ 1192 I, 1142 BGB den **G befriedigt, kann** er von ihm **nicht die Abtretung des Rückzahlungsanspruchs** verlangen.

Die Einflussnahme des Innenverhältnisses auf das Außenverhältnis findet ihren Grund in der gesetzlichen Regelung für die Hypothek: Sobald der alleinverpflichtete SG den G befriedigt, wirkt sich das Innenverhältnis auf den gesetzlichen Forderungsübergang über § 1143 I S. 2 BGB aus.

Die Pflicht des G zur Abtretung der Forderung gegen den S an den SG entfällt in dem Umfang, in dem der SG im Innenverhältnis zu S selbst verpflichtet ist.

Tritt der Gläubiger dem SG in Unkenntnis des Innenverhältnisses die komplette Forderung ab, so geht diese Abtretung ins Leere. Durch die Zahlung des SG ist diese nämlich bereits erloschen.

hemmer-Methode: Vergessen Sie in diesem Zusammenhang nie, die Frage nach der Ausgestaltung des Innenverhältnisses zu stellen. Es ist maßgeblich für die Auslegung des Sicherungsvertrags. Des Weiteren können zur Auslegung des Sicherungsvertrags auch die gesetzlichen Wertungen des Hypothekenrechts (hier §§ 1143 I S. 2, 774 I S. 3 BGB) herangezogen werden.
Differenzieren Sie auch immer, ob auf Grundschuld oder Forderung gezahlt wird: Wird auf die Grundschuld gezahlt, erwirbt sie der Sicherungsgeber zurück. Deshalb hat der Sicherungsgeber gegen den im Grundbuch eingetragenen Gläubiger einen Grundbuchberichtigungsanspruch nach § 894 BGB. Handelt es sich um eine Briefgrundschuld, hat er einen Anspruch auf Herausgabe des Briefes nach §§ 952, 985 BGB. Wird dagegen nur auf die Forderung gezahlt, dann ist der Gläubiger immer noch Inhaber der Fremdgrundschuld. Aus der Sicherungsabrede besteht allerdings ein schuldrechtlicher Anspruch auf Rückgewähr.
Ob auf Grundschuld oder Forderung gezahlt wird, ist im Einzelfall durch Auslegung zu ermitteln: Häufig wird durch eine Anrechnungsabrede bestimmt, dass die Zahlung auf die persönliche Schuld erfolgen soll. Dadurch kann die Sicherungswirkung der Grundschuld erhalten werden. Fehlt eine solche Anrechnungsabrede, ist der Wille des Zahlenden maßgeblich.

Wie bei der Hypothek sind auch bei der Grundschuld pfandrechtsbezogene und forderungsbezogene Einwendungen/Einreden zu unterscheiden.

Welche Einwendungen/Einreden können

1. **gegen die Forderung und**
2. **gegen die Grundschuld bestehen?**

I. Einreden des Schuldners gegen die Forderung

Dem persönlichen Schuldner stehen gegenüber dem Gläubiger **alle Einwendungen/Einreden** zu, die **die Forderung betreffen**. Dies gilt **auch nach** der **Zession gegenüber** einem **neuen Gläubiger** gem. den §§ 404 ff. BGB.

II. Einreden des Eigentümers

1. Grundschuldbezogene Einwendungen/Einreden des Eigentümers

Dem Eigentümer stehen **alle Einwendungen** (z.B. Unwirksamkeit der Bestellung) **und Einreden** (z.B. Stundung, Zurückbehaltungsrecht gegenüber Verwertung) **gegen die Grundschuld** selbst zu. Nach Übertragung können diese gem. § 1157 S.1 BGB dem Erwerber gegenüber geltend gemacht werden, wobei ein gutgläubiger Wegerwerb nicht möglich ist, vgl. § 1192 Ia BGB.

2. Einreden des Eigentümers aus der Sicherungsabrede

Der Eigentümer kann der Grundschuld aber nicht gem. § 1137 BGB die Einreden des persönlichen Schuldners gegen die Forderung entgegenhalten, da diese Vorschrift Akzessorietät voraussetzt und daher auf die Grundschuld keine Anwendung findet.

Der **Eigentümer** kann jedoch **Einreden des Schuldners gegen die Forderung als eigene Einreden aus dem Sicherungsvertrag gegen die Grundschuld geltend machen**. Aus dem Sicherungsvertrag ergibt sich nämlich, dass die Grundschuld nur im Rahmen der gesicherten Forderung geltend gemacht werden darf, so dass Einreden gegen die Forderung notwendigerweise auch Einreden gegen die Grundschuld begründen (vgl. KK 76). Daher kann der Eigentümer bei endgültiger Erfüllung der Schuld die Einrede der Verpflichtung zur Rückübertragung der Grundschuld geltend machen, was v.a. von Bedeutung ist, wenn Grundschuld und Forderung in verschiedene Hände gelangt sind.

Diese bei der Hypothek unter § 1137 BGB fallenden Einreden sind bei der Grundschuld im Fall der Übertragung also ein Unterfall von § 1157 S.1 BGB. Auch hier ist wiederum **kein gutgläubiger einredefreier Erwerb** gem. § 1157 S.2 BGB **möglich**, § 1157 S.2 BGB gilt nicht, vgl. § 1192 Ia BGB.

hemmer-Methode: Auch bei der Grundschuld ist die genaue Einordnung der Einwendungen/Einreden entscheidend für deren Schicksal nach Abtretung der Grundschuld. Lesen Sie zu den Neuerungen durch das Risikobegrenzungsgesetz Tyroller, Life&LAW 2008, 768 ff. Achtung Einreden, die nach alter Rechtslage gutgläubig wegerworben wurden, leben nicht wieder dadurch auf, dass nach neuer Rechtslage eine weitere Übertragung der Grundschuld stattfindet, BGH, Life&LAW 2014, 97 ff.

Einreden bei der Sicherungsgrundschuld

Wird die Grundschuld entgegen der Verpflichtung aus dem Sicherungsvertrag (z.B. zu früh) geltend gemacht, hat der Eigentümer die Möglichkeit, dem zu widersprechen. Dieses Widerspruchsrecht ist eine Einrede aus dem Sicherungsvertrag, die der Eigentümer der Geltendmachung der Grundschuld entgegenhalten kann.

Welche Einreden können aus dem Sicherungsvertrag geltend gemacht werden?

Kann sich ein neuer Eigentümer auf Einreden aus dem Sicherungsvertrag, der zwischen altem Eigentümer und Gläubiger bestand, berufen?

I. Die wichtigste Einrede ist die **Einrede der fehlenden Valutierung.** Diese kann erhoben werden, wenn die Grundschuld geltend gemacht wird, obwohl die zu sichernde Forderung nicht in voller Höhe entstanden ist. Weil die Sicherungsgrundschuld nicht akzessorisch ist, kann der Gläubiger grds. auch bei Nichtbestehen der "zu sichernden Forderung" aus der Grundschuld vorgehen. In diesem Fall verstößt er jedoch gegen den (schuldrechtlichen) Sicherungsvertrag.

Dem Eigentümer steht weiterhin die **Einrede der Rückübertragungspflicht** zu. Diese kann geltend gemacht werden, wenn der Gläubiger aus der Grundschuld vorgeht, obwohl er wegen des Sicherungsvertrags zur Rückübertragung auf den Eigentümer verpflichtet ist. Für den Fall eines nichtigen Sicherungsvertrags ergibt sich die Einrede aus §§ 812, 821 BGB.

Weiterhin kann die **Einrede der Löschungspflicht** geltend gemacht werden. Diese kann der Eigentümer der Geltendmachung der Grundschuld durch den Gläubiger entgegensetzen, wenn wegen des Sicherungsvertrags eine Pflicht zur Löschung der Grundschuld besteht. Handelt es sich dabei um eine dauernde Einrede, so kann der Eigentümer gem. § 1192 i.V.m. § 1169 BGB die Löschung der Grundschuld verlangen.

II. Ist der Eigentümer nicht selbst Partei des Sicherungsvertrags, etwa weil er das Grundstück erst nach der Bestellung der Grundschuld erworben hat, kann er Einwendungen und Einreden grds. nicht geltend machen. Dies ergibt sich daraus, dass es sich bei dem Sicherungsvertrag um ein schuldrechtliches Rechtsgeschäft handelt, das nur inter partes wirkt. Will er sich die Einreden aus dem Sicherungsvertrag erhalten, muss er sich die Rechte aus dem Sicherungsvertrag abtreten lassen oder aber im Wege der Vertragsübernahme nachträglich Partei dieses Vertrags werden.

hemmer-Methode: Vergessen Sie nicht, dass für Ausgleichsansprüche zwischen Eigentümer und persönlichem Schuldner das Innenverhältnis maßgeblich ist. Ausgleichsansprüche entstehen nur dann, wenn der Eigentümer bzw. der Schuldner zahlt, obwohl er im Innenverhältnis nicht zur Befriedigung des Gläubigers verpflichtet ist.

Fall zu Gegenrechten des Sicherungsgebers

Der Sicherungsgeber SG bestellt zugunsten des Gläubigers G eine Sicherungsgrundschuld an seinem Grundstück, mit der er eine Darlehensforderung des G gegen S absichern will. S zahlt das Darlehen zurück. Allerdings hat G die Sicherungsgrundschuld an den Dritten D abgetreten. Als nun D den SG aus der Sicherungsgrundschuld in Anspruch nehmen will, beruft dieser sich darauf, dass die gesicherte Forderung erloschen sei.

Kann D von SG die Duldung der Zwangsvollstreckung verlangen?

D kann gem. § 1147 BGB von SG die Duldung der Zwangsvollstreckung in dessen Grundstück verlangen, wenn dieser keine **Einreden** erheben könnte.

Wegen § 1157 S.1 BGB können grundsätzlich Einreden, die aus der Sicherungsabrede hergeleitet werden, auch dem Erwerber gegenüber geltend gemacht werden. Denn § 1157 S.1 BGB betrifft gerade Einreden gegen die Grundschuld (vgl. Karte 75).

Hier beruft sich allerdings der Sicherungsgeber auf **Einwendungen aus dem forderungsbegründenden Schuldverhältnis** – dem Darlehensvertrag. Diese Einwendung steht ihm *gegenüber dem Grundschuldgläubiger mittelbar als Einrede aus dem Sicherungsvertrag* zu. Damit unterfallen bei der Grundschuld auch diese Einreden dem § 1157 S.1 BGB. Ganz generell ergibt sich, dass eine Geltendmachung der Grundschuld nur insoweit erfolgen können soll, als es der zu sichernden Forderung entspricht. Man spricht insoweit von einer schuldrechtlichen Akzessorietät; diese sog. Einrede des mangelnden Sicherungsfalles unterfällt § 1157 S.1 BGB.

Grundsätzlich käme insoweit allerdings ein **gutgläubig lastenfreier Erwerb durch Dritte** in Betracht, **wenn eintragungsfähige Rechte aus dem Sicherungsvertrag nicht im Grundbuch eingetragen** sind, § 1157 S.2 BGB. Wegen der fehlenden Akzessorietät der Grundschuld kann jedoch nicht der Sicherungsvertrag als Ganzes eingetragen werden. **Eintragbar** sind aber die aus dem Sicherungsvertrag erwachsenden **Einreden**. **Hier** war allerdings die **Einrede** der Erlöschens der gesicherten Forderung **nicht eingetragen**, womit ein **gutgläubig einredefreier Erwerb** nach §§ 1157 S.2, 892 BGB **in Betracht** käme, wenn der Erwerber gutgläubig ist.

Das RG hatte schon dann Unredlichkeit angenommen, wenn der Dritte bei Erwerb wusste, dass es sich um eine Sicherungsgrundschuld handelt.

Demgegenüber vertrat die **h.M.,** dass der **Dritte nur** dann **unredlich** ist, **wenn er bei Erwerb der Sicherungsgrundschuld die Einreden aus dem Sicherungsvertrag kannte**, die bereits entstanden waren. Bei Erwerb müssen dem Dritten die einredebegründenden Tatsachen bekannt gewesen sein. Dieser Streit hat sich allerdings mit Einführung des § 1192 Ia BGB erledigt; es stellt sich nicht mehr die Frage, unter welchen Voraussetzungen ein gutgläubig einredefreier Erwerb möglich ist, weil es einen solchen bei der Sicherungsgrundschuld überhaupt nicht mehr gibt!

D kann von SG deshalb nicht die Duldung der Zwangsvollstreckung gem. § 1147 BGB verlangen.

hemmer-Methode: Mit der Einführung des § 1192 Ia BGB hat sich diese alte examensrelevante Frage damit erledigt. Vgl. Sie zur Wiederholung der Thematik noch einmal KK 75!

Wenn nicht die Abtretbarkeit der Sicherungsgrundschuld nach § 413 i.V.m. § 399 Alt.2 BGB ausgeschlossen ist, kann sie nach den allgemeinen Vorschriften (§§ 1192 I, 1154 BGB analog) abgetreten werden. Ein Ausschluss der Abtretbarkeit muss ausdrücklich vereinbart (ergibt sich nicht allein aus dem Sicherungszweck der Grundschuld) und ins Grundbuch eingetragen werden, weil es sich um eine Inhaltsänderung i.S.d. § 877 BGB handelt.

Neben der Grundschuld kann auch die Forderung abgetreten werden. In diesem Zusammenhang gilt allerdings § 1153 BGB nicht. Deshalb können Forderung und Sicherungsgrundschuld an verschiedene Erwerber abgetreten werden.

Welche Probleme stellen sich bei der isolierten Abtretung?

Was kann der Eigentümer gegen die Geltendmachung der Forderung bei isolierter Abtretung unternehmen?

I. Werden Forderung und Sicherungsgrundschuld getrennt und an verschiedene Erwerber abgetreten *(isolierte Abtretung),* so ist die **isolierte Forderungsabtretung** i.d.R. **nicht** nach § 399 BGB **unwirksam.** Die Zweckbindung von Forderung und Sicherungsgrundschuld ist nämlich nur schuldrechtlicher Inhalt des Sicherungsvertrags und nicht Inhalt der Forderung, wie es jedoch für § 399 BGB erforderlich ist. Allerdings **verletzt** der **Gläubiger** dadurch **seine Pflichten aus dem Sicherungsvertrag** und macht sich damit ggf. **schadensersatzpflichtig.** Deshalb ist es erforderlich, den *Eigentümer und Schuldner vor einer doppelten Inanspruchnahme zu schützen.*

Ferner kann der **Schuldner** seine ihm **aus** dem **Sicherungsvertrag** gegen die Forderung zustehende **Einrede gem. § 404 BGB auch** dem **Zessionar entgegenhalten.**

II. **Macht** der **Gläubiger, dem die Grundschuld nicht zusteht,** die **Forderung geltend**, so steht dem **Eigentümer** (= persönlicher Schuldner) das **Zurückbehaltungsrecht nach § 273 BGB** zu, wenn es dem Gläubiger nicht möglich ist, seiner Pflicht aus dem Sicherungsvertrag, die Grundschuld zurückzuübertragen, nachzukommen bzw. die hierfür erforderlichen Unterlagen auszuhändigen.

hemmer-Methode: Lösen Sie zum besseren Verständnis gleich im Anschluss den Fall auf der nächsten KK!

Fall zur Sicherungsgrundschuld

Lösen Sie zum besseren Verständnis der Sicherungsgrundschuld noch folgenden Fall:

Für eine Darlehensforderung hat der Sicherungsgeber SG dem Gläubiger G eine Sicherungsgrundschuld bestellt. G tritt die Forderung an A und die Grundschuld an B ab. Nun allerdings wird der SG zweifach in Anspruch genommen:

1. Kann A Zahlung verlangen?

2. Hat B einen Anspruch auf Duldung der Zwangsvollstreckung?

1. A könnte einen Anspruch aus §§ 488 I S.2, 398 BGB gegen SG haben. Dazu müsste A von G die Forderung wirksam erworben haben. Allerdings könnte die Abtretbarkeit durch stillschweigende Vereinbarung zwischen SG und G ausgeschlossen worden sein, § 399 2.Alt. BGB. Ein absoluter Ausschluss der Übertragbarkeit der Forderung hat nicht stattgefunden. Jedoch könnte eine **Übereinkunft i.R.d. Sicherungsabrede** getroffen worden sein, so **dass** die **Forderung nur zusammen mit der Grundschuld übertragen** werden durfte. Fehlt aber eine solche ausdrückliche Vereinbarung, so ist sie regelmäßig **stillschweigend in der Abrede über die Sicherungsfunktion der Grundschuld** zu sehen.

Wird **gegen** diese **Vereinbarung verstoßen**, so ist der Gläubiger aber nur zum **Schadensersatz** verpflichtet. Eine *dinglich wirkende Unübertragbarkeit der Forderung ohne die Grundschuld besteht nicht.* Sonst würde nämlich die Grundschuld unzulässigerweise der Hypothek als akzessorisches Sicherungsmittel angenähert. Ein **dinglich wirkendes Abtretungsverbot** kann nur auf Grund einer **besonderen Parteiabrede** angenommen werden. Dem Erwerb der Forderung durch A steht § 399 BGB deshalb nicht im Wege.

Allerdings könnte **SG gegen** den **Anspruch des A gem. § 404 BGB** die **Einrede erheben,** die ihm auch gegenüber G zustand. Die Sicherungsabrede zwischen SG und G ergab dabei, dass entweder die Forderung oder der Anspruch auf Verwertung geltend gemacht werden können. Die **doppelte Inanspruchnahme** war damit **ausgeschlossen. Aufgrund** der **Sicherungsabrede** kann **SG Zug um Zug gegen Zahlung der Darlehenssumme bei Geltendmachung der Forderung die Rückübertragung der Grundschuld verlangen.** Das zu seinen Gunsten bestehende *Zurückbehaltungsrecht* (§ 273 BGB) kann er *nach § 404 BGB* auch *dem A entgegenhalten*. Jedoch kann A die erforderliche Rückübertragung nicht bewirken, da er nicht Inhaber der Grundschuld geworden ist. Somit besteht eine **dauernde Einrede**. Die Geltendmachung des Zahlungsanspruchs ist nicht durchsetzbar.

2. B könnte aus §§ 1192, 1147 BGB vorgehen. G hat **B** gem. § 1154 BGB die Grundschuld übertragen, so dass dieser **Inhaber der Grundschuld** geworden ist. Über § 1157 S.1 BGB könnte **SG evtl. gegenüber B** eine **Einrede aus der Sicherungsabrede mit G** (Rückübertragungsanspruch) gegen die Grundschuld zustehen. Dieses Recht **steht ihm** allerdings **nicht zu**: Er soll zwar vor einer doppelten Inanspruchnahme geschützt werden; dass SG überhaupt keine Verpflichtungen mehr hat, ist aber nicht gewollt. Da er eine dauernde Einrede hinsichtlich der Geltendmachung der Forderung hat, kann ihm ein solches Recht bzgl. der Grundschuld nicht zustehen. **Damit hat B einen Anspruch auf Duldung der Zwangsvollstreckung.**

hemmer-Methode: Versuchen Sie immer, durch Argumentation ein billiges Ergebnis zu erreichen!

Die Rangordnung von Grundstücksrechten

Die verschiedenen Rechte an einem Grundstück stehen untereinander in einem bestimmten Rangverhältnis. Dieses spielt vor allem in der Zwangsvollstreckung eine Rolle, wenn es um die Verteilung des Erlöses geht.

Nach dem Prioritätsprinzip richtet sich der Rang eines Grundstücksrechts nach der Reihenfolge der Eintragungen im Grundbuch, vgl. § 879 I BGB. Dieses materielle Rangverhältnis wird formell dadurch gewährleistet, dass der Grundbuchbeamte verpflichtet ist, die Eintragungen entsprechend der Reihenfolge der Eintragungsanträge vorzunehmen, vgl. §§ 17, 45 GBO.

Es kann jedoch vorkommen, dass der Grundbuchbeamte gegen diese Sollvorschriften verstößt und einen später eingegangenen Antrag pflichtwidrig zuerst einträgt.

Welche Ansprüche stehen dem Rechtsinhaber zu, der durch einen solchen Verstoß des Grundbuchbeamten im Rang benachteiligt wurde?

I. Ein **Grundbuchberichtigungsanspruch** nach § 892 BGB **entfällt**, da der Verstoß gegen die Sollvorschrift der §§ 17, 45 GBO das **Grundbuch nicht unrichtig** macht. Maßgebend ist allein der Zeitpunkt der tatsächlichen Eintragung. Dies ergibt sich aus der Formalisierung des Grundbuchrechts, die der Rechtssicherheit dienen soll.

II. Nach h.M. **scheiden** auch **Ansprüche aus ungerechtfertigter Bereicherung aus**.
Denkbar wäre allenfalls ein Anspruch des Benachteiligten aus *Eingriffskondiktion.* Nach h.M. hat der *Benachteiligte* wegen des fehlenden zwingenden Charakters der §§ 17, 45 GBO aber *noch keine geschützte Rechtsstellung innegehabt.*
Schließlich ist auch die *Rechtsgrundlosigkeit der Bereicherung zu verneinen*, wenn man davon ausgeht, dass *§ 879 BGB* die endgültige Fixierung der Rangverhältnisse beabsichtigt und insofern selbst einen *Rechtsgrund* i.S.d. § 812 BGB darstellt.

III. Dem **Benachteiligten bleibt** somit **nur** der **Amtshaftungsanspruch** aus § 839 BGB i.V.m. Art. 34 GG.

hemmer-Methode: Die Parteien können auch eine Rangbestimmung gem. § 879 III BGB, 45 III GBO treffen. Diese ist aber praktisch nicht relevant.